A

Julia Heilmann, geboren 1975, studierte Kunstgeschichte. Nach Stationen in einem wissenschaftlichen Verlag und im Kunstbuchhandel arbeitet sie heute als Autorin.
Thomas Lindemann, geboren 1972, arbeitet als Journalist und Musiker. Er schreibt u. a. für die *Frankfurter Allgemeine Sonntagszeitung*, *Spiegel Online* und diverse Videospielmagazine.
Ihr erstes Buch *Kinderkacke. Das ehrliche Elternbuch* stand monatelang auf der Spiegel-Bestsellerliste. Sie leben gemeinsam mit ihren drei Kindern in Berlin.

Ohyun Kwon, Jahrgang 1975, ist Illustrator und Graphikdesigner aus Berlin. Seit 2012 hat er mit seiner Frau in Seoul ein eigenes Designstudio (*www.guteform.kr*) und unterrichtet seit 2013 Typographie und Graphikdesign an der Hongik University, Seoul.

JULIA HEILMANN UND THOMAS LINDEMANN

MAMA →
PAPA ↑

Kinderkacke

DER Survival Guide für Eltern

Atlantik

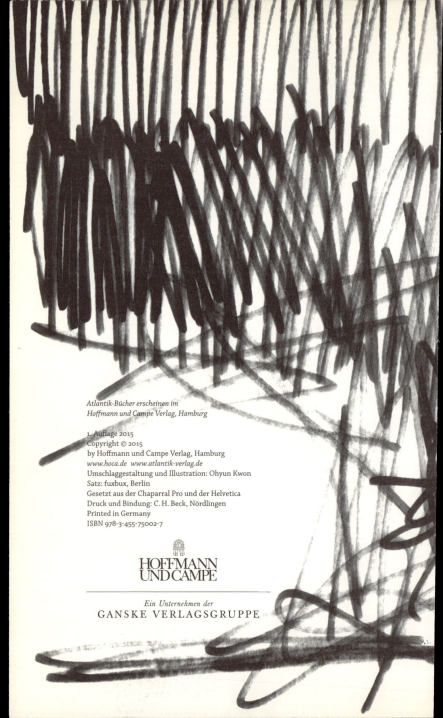

*Atlantik-Bücher erscheinen im
Hoffmann und Campe Verlag, Hamburg*

1. Auflage 2015
Copyright © 2015
by Hoffmann und Campe Verlag, Hamburg
www.hoca.de   www.atlantik-verlag.de
Umschlaggestaltung und Illustration: Ohyun Kwon
Satz: fuxbux, Berlin
Gesetzt aus der Chaparral Pro und der Helvetica
Druck und Bindung: C. H. Beck, Nördlingen
Printed in Germany
ISBN 978-3-455-75002-7

**HOFFMANN
UND CAMPE**

Ein Unternehmen der
GANSKE VERLAGSGRUPPE

EINLEITUNG

Ist das schön, jetzt habt ihr endlich alles erreicht! Diesen Satz hört man oft von Kollegen, Freunden und Verwandten, wenn das erste Kind auf der Welt ist. Ein Geheimnis unterschlagen sie alle: Das Leben mit Kindern ist nicht nur eine Freude, sondern auch unglaublich anstrengend. Man ist ständig müde, lässt sich von Leuten herumkommandieren, die einem nicht einmal bis zur Brust reichen, und verlottert dabei selbst nach und nach. Denn wer hat schon Zeit, sich in Ruhe zu duschen oder gemütlich etwas zu essen, wenn im Hintergrund ein Baby schreit? Wer schafft es noch, seine Freunde anzurufen? Vielleicht wurden wegen des Zuwachses noch ein Hund, ein Haus mit Garten und ein großes Auto angeschafft (die Wege junger Eltern sind unergründlich), weswegen einem zusätzlich der Kredit im Nacken sitzt? Wer kann sich im Kino (ach was, Kino! Fernseher, denn vor die Tür kommt man nur noch selten) auf den Film konzentrieren, wenn er an chronischer Erschöpfung leidet? Schließlich steht das Kleingemüse um 5.30 Uhr morgens auf, springt voller Energie durch den Tag, bis es abends um neun nach gefühlten einhundert Aufforderungen endlich im Bett liegt. Das Sexleben liegt sowieso danieder, die Schwiegereltern nerven mit ihren guten Ratschlägen, die Kosten explodieren, egal ob Kinderwagen, Winterschuhe oder ein Skateboard angeschafft werden müssen. Freuden des Erwachsenenlebens wie der Kneipenabend, Musik machen, Reisen, Italienisch lernen oder den Zeichenstil von Wilhelm Busch nachahmen, sich im Fitnesscenter stählen oder zwei Stunden an die Wand starren, kann man im Wesentlichen vergessen.

Richtig: Elternsein ist eine der härtesten Herausforderungen, die es gibt. Und Elternsein ist ein Vollzeitjob mit gelegentlichen Nachtschichten. Keiner bereitet einen darauf vor, dass man in einen Löwenkäfig geschubst wird und sehen muss, wie man allein zurechtkommt. Die Erwartungen an Eltern sind hoch. Kritiker – wie andere Eltern, die frischgebackenen Großmütter und Großväter oder Nachbarn – lauern schon und zögern nicht, scharf zu schießen. Also heißt es, sich demgegenüber eine entspannte, lässige Haltung anzutrainieren. Man sollte ruhig mal zugeben, dass man die Kinderaufzucht auszehrend oder bisweilen etwas langweilig findet. Nach und nach wird man ganz sicher Mitstreiter finden, die Ähnliches zu erzählen wissen. Und wenn man sich vor Augen hält, dass Eltern in den Augen der Gesellschaft eh in allen Bereichen etwas verkehrt machen, dann kann man sich auch gleich sagen: Ist doch alles wurscht, ich mache das jetzt so, wie ich will, und dann sehen wir mal, was dabei herauskommt. Beim Überleben mit Kindern hilft das Wissen: Anderen Eltern geht es genauso, auch wenn sie es nicht zugeben.

Wie man trotz und mit Kindern überlebt und wie es sogar Spaß machen kann, dazu gibt dieser Survival-Guide ein paar Ratschläge, die wir im Laufe der Jahre mit unseren mittlerweile drei Kindern auf ihre ultimative Wirksamkeit testen konnten. Hier gibt es Listen, Tests und kleine Ideen, die im Geiste unserer »ehrlichen Elternbücher« entstanden sind, allen voran *Kinderkacke*. Für diejenigen, die das Buch nicht kennen: Ein paar überarbeitete Auszüge daraus finden sich als Best-of auf den folgenden Seiten. Alles andere ist eine große Sammlung von Bonus-Tracks. Ein Buch für Leute, die sich nicht so gut auf lange Kapitel konzentrieren können, weil sie beim Lesen immer wieder von kleinen Monstern abgelenkt werden. Ein Buch für Eltern!

WISSEN, AUF WEN MAN TRIFFT ...

Die natürlichen Feinde aller Eltern sind andere Eltern. Zumindest alle, die es besser wissen und nicht zögern, das unaufgefordert kundzutun. Durchblickerei, Nörgeleien und geringschätzige Blicke sind nur der Anfang eines Weges, der in Extremfällen sogar zu Schlägereien oder Kontaktabbruch führen kann. Gut, wenn man die verschiedenen Typen von Erzeugern genau kennt. So kann man sich rüsten und im richtigen Moment Paroli bieten.

Die Väter-Typologie

Der coole Typ

Er ist jung geblieben, gut gekleidet und immer entspannt (oder auch einfach unaufmerksam). Oft lebt er in Trennung von der Mutter des Kindes und geht weniger dem Vatersein als seinem Job oder Hobby nach. Mittwoch oder Donnerstag, wenn er »dran« ist, sitzt er am Spielplatzrand und starrt auf sein Smartphone. Er redet grundsätzlich nicht über Banalitäten wie Windeln und Kindergartenplätze.

Typischer Satz: »Keine Ahnung, wo mein Kind gerade ist.«

Seine Stärke: Nichts bringt ihn aus der Ruhe.

Sein Schwachpunkt: Eigentlich will er keine Verantwortung übernehmen, viel zu anstrengend.

Wie man am besten mit ihm umgeht: Freundlich und distanziert über all die Dinge reden, von denen man selbst nur noch wenig mitkriegt: angesagte Serien, neue Szenekneipen, aktuelle Bands, Gerüchte über Promis. Dabei mit einem Auge gut auf die Kinder achten – er schaut bestimmt nicht hin.

Was man auf keinen Fall zu ihm sagen sollte: »Sag mal, das junge Küken, das da jetzt bei dir wohnt, das ist aber nicht dein Ernst, oder? Wie alt ist sie denn? Neunzehn?«

Was man sich trotzdem von ihm abschauen kann: Die immer gut sitzende Frisur.

Vorbild: Ted Danson in *Noch drei Männer, noch ein Baby*.

Der besorgte Aufpasser

Beim Spiel seiner Kinder mischt er sich ein, alle Sprösslinge werden ermahnt, besonders vorsichtig zu sein. Sein liebstes Utensil: der Fahrradhelm. Auch dann, wenn er nicht auf dem Fahrrad sitzt.

Typischer Satz: »Vorsicht! Nicht runterfallen!«

Seine Stärke: Intensive Kenntnis neuester Sicherheitstechnik.

Sein Schwachpunkt: Die Nerven.

Wie man am besten mit ihm umgeht: Ihn gelegentlich als Babysitter einspannen. Das schmeichelt ihm. Und zumindest sind die Kinder bei ihm sicher.

Was man auf keinen Fall zu ihm sagen sollte: »Das Taschenmesser? Das hab ich deinem Sohn eben ausgeliehen!«

Was man sich trotzdem von ihm abschauen kann: Immer weich aufkommen.

Vorbild: Die Gummizelle.

Der Wochenendvater

Erziehung überlässt er in der Woche seiner Frau. Er sagt es nicht, aber nach dem Wochenende ist er oft froh, die Haustür hinter sich zumachen und ins Büro verschwinden zu können.

Typischer Satz: »Da fragen Sie besser meine Frau, die kümmert sich um so was.«

Seine Stärke: Abschalten können.

Sein Schwachpunkt: Der Frust und die Besserwisserei der Gattin, wenn es um Angelegenheiten der Kinder geht.

Wie man am besten mit ihm umgeht: Über Fußball reden. Die Familie nicht erwähnen.

Was man auf keinen Fall zu ihm sagen sollte: »Welche Größe trägt deine Kleine eigentlich zurzeit?«

Was man sich trotzdem von ihm abschauen kann: Nichts. Was er kann, können alle Väter gut: sich raushalten.

Vorbild: Sein Vater. Sein Großvater. Sein Urgroßvater.

Der engagierte neue Mann

Für ihn gilt: Früher war alles schlechter. Er will Erziehung ganz anders machen als etwa sein Vater, aber auch anders als die Väter seiner Altersgruppe. Seine Karriere liegt nicht im Job, sondern besteht darin, ein perfekter moderner Papa zu werden. Seine Reflektiertheit wirkt gelegentlich dogmatisch.

Typischer Satz: »Wir teilen uns die Erziehung genau 50/50.«

Seine Stärke: Er hat Karl Marx, Sigmund Freud und Alice Miller gelesen, er kennt die moderne Pädagogik und alle Erziehungstricks.

Sein Schwachpunkt: Für ihn sind Star Wars, Angry Birds und Gangnam Style Fremdwörter.

Wie man am besten mit ihm umgeht: Gemeinsam die letzte linke Kinderladen-Teestube der Stadt suchen, reingehen, im Schneidersitz hinsetzen, mitdiskutieren.

Was man auf keinen Fall zu ihm sagen sollte: »Manchmal hilft eine Ohrfeige, das hat doch schon bei unseren Großeltern gut funktioniert!«

Was man sich trotzdem von ihm abschauen kann: An eine bessere Welt zu glauben.

Vorbild: Tom Selleck in *Noch drei Männer, noch ein Baby*.

Der Fußball-Vater

Er ist selber passionierter Sportler. Seinen Nachwuchs jagt er im Laufschritt über den Spielplatz. Gemütliches Herumsitzen im Sandkasten kennt er nicht. Stets spornt er zu Höchstleistungen an, sei es am Klettergerüst oder im Vereinssport.

Typischer Satz: »Los, los, jetzt machen wir Turbo-Geschwindigkeit!«

Seine Stärke: Seine Kinder werden nicht fett.

Sein Schwachpunkt: Wirkt leicht verhärmt. Neigt zum Einzelgängertum, denn wer kann da schon mithalten?

Wie man am besten mit ihm umgeht: Trainingshose anziehen und mitrennen. Er wird sich geschmeichelt fühlen und dich hinterher auf ein Bier im Vereinslokal einladen.

Was man auf keinen Fall zu ihm sagen sollte: »Ich spiele Geige. Ich darf auf gar keinen Fall einen Ball anfassen.«

Was man sich trotzdem von ihm abschauen kann: Wie man sich trotz der Kinder noch fit hält.

Vorbild: Dustin Hoffman im Film *Der Marathon-Mann*.

MÜTTERLEIDEN I:

Ich sitz zu Haus, der Mann geht aus!
Ich lebe in einer schönen, großen Stadt. Es gibt Wasser und zahlreiche Parks, Cafés, Galerien und Restaurants. Meine Freunde leben hier. Ich habe ein Fahrrad und lege damit weite Strecken zurück. In der Stadt habe ich Indogermanistik und Kunstgeschichte studiert. Ich war lange im Ausland, spreche fließend Spanisch. Ich begann, eine Doktorarbeit zu schreiben, arbeitete in einem kleinen Wissenschaftsverlag. Bald bekam ich einen Filialleiterjob in einer angesehenen Kunstbuchhandlung.

Ich bin dreißig, mittelgroß und sportlich, ich schaffe es immer mühelos, bei der Vorbeuge mit den Armen runter zu den Füßen zu gelangen. Ich hatte nie Pickel oder Gewichtsprobleme. Ich glaube, ich habe keinen Knall, jedenfalls bin ich einigermaßen lebensfähig, ich hefte meine Papiere und Unterlagen alle brav in zwei verschiedene Ordner ab. Viele Jungs hatten Interesse an mir, aber ich habe meistens nein gesagt. Meinen Mann habe ich in der Kantine kennengelernt und nach der Quarkspeise mit Dosenobst zum Kaffee eingeladen. Er schrieb mir eine halbe Stunde später eine verliebte E-Mail. Zwei Wochen später waren wir ein Paar. Anderthalb Jahre später dachten wir uns, es wäre nett, Kinder zu haben.

Mein etwas unmotiviertes, aber nicht erfolgloses Leben stand an einem Wendepunkt, wegen der Kinder. Früher wusste ich nicht genau, als was ich mich bezeichnen sollte. In Formularen schrieb ich unter »Beruf« Studentin, Galeristin und Buchhändlerin, Journalistin oder einmal Schrebergärtnerin. Mein Professor hatte die Gruppe Studenten und mich bei einem Glas Wein als intellektuelle Elite bezeichnet. Das hatte mich schwer beeindruckt.

Seit der Geburt meiner Kinder weiß ich, was ich in jedem Fall bin: Mutter. Der Krabbelkurs sagt es mir, die Werbung der Drogeriekette, die Vorabendserie, die Spielzeugindustrie und die Babynahrungskonzerne. Die Bäckerin um die Ecke und meine Eltern und Schwiegereltern. Leider auch gleichaltrige Mütter. Das Spiel mit den wunderbaren Möglichkeiten des Lebens hatte mir besser gefallen. Die meisten Leute fragen mich nun ausschließlich nach meinen Kindern, und ihr verzücktes »Ah!« und »Oh!« bilden ein monotones, nie abreißendes Hintergrundrauschen.

Vieles, was der landläufigen Meinung nach mit Muttersein zu tun hat, macht mich aggressiv. Der Aufdruck auf der Breipackung zum Beispiel. Da gibt es eine »Mama-Hotline« zum Thema Kinderernährung. Wenn es schon so dümmlich formuliert wird, warum nicht auch Papa-Hotline? Bleibt der aufgrund seiner Biologie ein kontaktarmer Trottel, der hilflos im Hintergrund steht und zusehen muss, wie Mutter und Kind auf dem Stillkissen liegen und »Kuschelhormone« austauschen?

Ich lese eine Anzeige, in der es um ein neues Buch geht: *Mutterliebe – das stärkste Gefühl der Welt*. Und sitzen im sogenannten »Mutter-Kind-Abteil« im Zug nur Mütter mit ihren Kleinen drin, keine Väter, Omas oder Opas, Onkel oder Tanten? Warum spricht man nicht vom »Eltern-Kind-Abteil« oder »Kinderabteil«? Man kann das kleinlich nennen, aber es handelt sich hier um die konsequente Unsichtbarmachung anderer Bezugspersonen als der Mutter.

Ich kann mich nicht gegen das Gefühl wehren, dass das möglicherweise ein spezifisch deutsches Phänomen ist. Jedenfalls wundert sich meine Freundin Maja, eine Schwedin, warum hierzulande etwa die Kitafrage so heiß debattiert wird, und das mit Argumenten aus der Steinzeit. Da wird »Wickelvolontariat« gegen »Herdprämie« ausgespielt, und politische Grabenkämpfe werden auf dem Rücken junger Familien ausgetragen. »Das haben wir alles schon in den Siebzigern gehabt«, sagt Maja etwas fassungslos. »Heute geht jedes Kind mit eins in den Kindergarten.«

Mütter stehen unter dem Anspruch, eine gute Mutter, keine Rabenmutter, sein zu müssen. Männer haben diese Angst, als Vater zu versagen, offenbar nicht oder nicht in dem Maße. Frauen kommen fast um vor schlechtem Gewissen, wenn sie Mann und Kind mal allein lassen, um etwa ein Wochenende wegzufahren oder auch nur nach einer Party morgens im Bett liegen zu bleiben. Männer nehmen sich diese Freiheit selbstverständlich.

»In diesem verfluchten Patriarchat ist es schwer genug, Mutter zu werden. Die Mutterrolle und das verdammt schwere Gepäck, das dazugehört, sollte niemand allein tragen müssen«, schreibt Maria Sveland in ihrem Buch *Bitterfotze* zu dem Thema. Als ich das Buch meiner Mutter zu lesen gebe, erreicht mich fünf Tage später ein Brief von ihr. Ich bin überrascht und gerührt, denn sie schreibt mir geradezu eine Schimpfrede auf die klassische Rollenverteilung zurück. Auf zwei engbeschriebenen Maschinenseiten blickt sie auf ihr Leben als Mutter, und selten habe ich mich ihr so verbunden gefühlt wie in dem Moment, als ich diese Zeilen lese: »Die Familie fraß mich zwischendurch mit Haut und Haaren auf und kotzte mich an.« Ich weiß, wie sehr sie uns liebt. Die Überforderung, Einsamkeit und schlechte Laune hat sie uns, soweit ich mich erinnern kann, nie gezeigt.

Es ist schon beschissen, dass Männer keine Kinder bekommen können. Vieles wäre leichter. Sie könnten dann wirklich verstehen, wie es ist, zehn Monate lang wie ein Plunder aus dem Leim zu gehen, im Bauch ein unbekanntes Wesen, das immer größer wird und sich von unseren Reserven ernährt. Dieses Wesen dann unter Höllenqualen auf die Welt zu bringen und danach mindestens sechs Monate mit einer nahrhaften Flüssigkeit zu stillen, die wir fortwährend selbst produzieren. Kein erholsamer Schlaf, viel Geschrei, kein Kaffee oder ähnliche Hilfsmittel, um das durchzustehen. Alles eigentlich unzumutbar.

Auf der Straße sehe ich eine Frau, die offensichtlich gerade erst entbunden hat. Jedenfalls liegt ein höchstens eine Woche altes Baby in ihrem Kinderwagen. Die große Schwester nörgelt und will von Mama auf ihr Fahrrad gehoben werden, was diese bereitwillig tut. Die Frau selbst trägt eine monströse Tasche auf dem Rücken. Weiß der Kuckuck, was sie darin alles transportiert: Kekse, Trinkflaschen, Wickelzeug. Ich denke: Was tust du hier alleine auf der Straße? Du hast gerade geboren. Du gehörst ins Bett. Aber wir dummen Mütter machen einfach weiter, kasteien uns, bis der Körper schlappmacht und wir die Kinder und den Partner nur noch anschreien wollen.

Die Fähigkeit oder das Los, zu gebären, können Frauen leider nicht abgeben. Aber wir können hinterher versuchen loszulassen, um uns ab und an um nichts und niemanden zu kümmern. Nur ein Vater, der mal ein paar Tage allein mit seinem Kind verbracht hat, versteht, warum es eine Katastrophe sein kann, wenn abends keine Milch für den nächsten Morgen im Kühlschrank ist. Warum es nicht spießig ist, sich deswegen Einkaufslisten zu schreiben. Und nur der Vater, der die Chance hat, seinem Kind die Flasche zu geben, weiß, dass es Folter ist, alle drei Stunden aus dem Schlaf gerissen zu werden. Und dass man dann keinen Partner an seiner Seite braucht, der auch noch bemuttert werden will oder ganz einfach nicht mitmacht.

Ich hole das Notizheft heraus, in das ich bisher immer die Stillzeiten eingetragen hatte, und vermerke: »Ab morgen unbedingt Kontrolle abgeben.« Fast so schlimm wie ignorante Väter sind Glucken- oder Supermütter.

WISSEN, AUF WEN MAN TRIFFT ...
TEIL 2:

Die Mütter-Typologie

Die Aktive

Sie weiß am Montag schon, was sie am Wochenende mit ihren Kindern macht: einen Tagesausflug in den Hochseilgarten, einen Workshop im Museum und natürlich ein Frühstück in diesem neuen angesagten Kindercafé (»Ach, das kennt ihr noch nicht?«). Auch wenn es draußen den ganzen Tag lang hagelt oder stürmt, setzt sie ihre Kleinen nicht vor den Fernseher. Lieber spielt sie mit ihnen gemeinsam eine Partie Mensch-ärgere-dich-nicht oder Schach.

Typischer Satz: »Da sind wir schon verplant.«

Wie man am besten mit ihr umgeht: Möglichst nicht fragen, was sie für den Sonntag plant.

Was man auf keinen Fall zu ihr sagen darf: »Wir wissen noch nicht, was wir am Sonntag machen.«

Was man sich trotzdem von ihr abschauen kann: Ein paar gute Ausflugstipps. Die kann man Oma und Opa aufs Auge drücken, wenn die mal wieder zu Besuch sind, und in der Zeit ihrer Abwesenheit schlafen.

Vorbild: Mary Poppins.

Die Bildungsbürgerliche

Sie will nur das Beste für ihr Kind, wie sie nicht müde wird zu betonen. Das Kind schickt sie in verschiedene pädagogische Angebote, weil ihr das Programm in der Kita nicht ausreicht. Ihr Kind wächst mindestens zweisprachig auf.

Typischer Satz: »Was Hänschen nicht lernt, lernt Hans nimmermehr!«

Wie man am besten mit ihr umgeht: Höflich zuhören, ab und zu die Worte »frühkindliche Bildung«, »Blockflötenunterricht«, »sich ausprobieren« einwerfen.

Was man auf keinen Fall zu ihr sagen darf: »Mein Kind kann auch schon Mund-Fuß-Koordination.«

Was man trotzdem von ihr lernen kann: Dass Helen Doron keine amerikanische Filmschauspielerin ist, sondern teure Englischkurse für Babys etabliert hat.

Vorbild: Die chinesische »Tiger Mum«.

Die Paranoide

Die überängstliche Mama wittert überall Gefahren. Mit ihr kann man nur schwer ein Gespräch führen, weil sie alle paar Sekunden wegspringt, um ihr Kind vor einer akuten Bedrohung zu schützen: einer nahenden Wespe, einem anrollenden Dreirad oder dem hochinteressanten Müll, den das Kind gerade vom Boden aufheben will.

Typischer Satz: »Achtung!«

Wie man am besten mit ihr umgeht: Mal zum Meditationskreis verabreden. Ommmm.

Was man auf keinen Fall zu ihr sagen darf: »Mein Sohn? Der ist gerade alleine zum Bäcker gegangen, Brötchen holen.«

Was man sich trotzdem von ihr abschauen kann: Die jüngsten Unfallstatistiken.

Vorbild: Fräulein Kassandra aus »Biene Maja«.

Die Konservative

Sie ist schon in die Doppelhaushälfte am Stadtrand gezogen, bevor sie überhaupt schwanger wurde. Das Kind wird so spät wie möglich in den Kindergarten geschickt, der selbstverständlich kirchlich geführt sein muss. Ihre Überzeugung: Die Mutter allein weiß, was gut und richtig ist für das Kind, der Vater kümmert sich ums Finanzielle. In der Freizeit werden die Kleinen zum Klavierunterricht und zum Reiten gefahren.

Typischer Satz: »So etwas tut man nicht!«

Wie man am besten mit ihr umgeht: Ressourcen nutzen. Die Kinder bei ihr zum Spielen abliefern und selber schnell wieder verschwinden. Die Kleinen werden eine prächtige Zeit in Haus und Hof verbringen. Stets sensationell organisiert: die Kindergeburtstage!

Was man auf keinen Fall zu ihr sagen darf: »Spirituelle Erziehung? Wir schicken unsere Kinder ja in so eine richtige Ost-Kita.«

Was man sich trotzdem von ihr abschauen kann: Selbstgewissheit.

Vorbild: Eva Herman.

Die Infantile

Für sie bedeuten Kinder vor allem eines: Endlich darf sie ihre eigene Kindheit noch mal wiederaufleben lassen. Schnell werden Spielzeuge angeschafft, die sie als Kind selber nicht hatte: das Puppenhaus aus Holz, Barbie, das Playmobil-Piratenschiff.

Typischer Satz: »Lass mich auch mal auf das Klettergerüst!«

Wie man am besten mit ihr umgeht: Dem Aktionismus gelassen zuschauen. Nein, man muss ihr nicht nacheifern! Auch wenn die eigenen Kinder nicht müde werden zu betonen, wie toll die Mama von XY immer mitspielt.

Was man auf keinen Fall zu ihr sagen darf: »Also, auf Klettergerüste steigen, das ist unter meiner Würde. Bin ich ein Affe?«

Was man sich trotzdem von ihr abschauen kann:
Aufschwung, Umschwung und einen sauberen Unterschwung. Ohne Hilfestellung!

Vorbild: Pippi Langstrumpf.

Das Partytier

Sie hat zwar Kinder bekommen, aber das hält sie im Gegensatz zu anderen Eltern nicht vom Feiern ab. Diese Mutter gewöhnt ihr Baby nach zwei Monaten Stillen an Flaschennahrung, damit sie beim nächsten Festival wieder mittrinken kann. Sie ist schlank, trägt T-Shirt, Jeans und Turnschuhe, und sie sieht zehn Jahre jünger aus, als sie ist. Die Kinder sind freundlich, unkompliziert und akzeptieren ausnahmslos jeden Babysitter.

Typischer Satz: »Die Kleinen können das ab.«

Wie man am besten mit ihr umgeht: Es gibt zwei Möglichkeiten. Entweder auf Distanz halten, man könnte sonst frustriert sein, weil es bei einem selbst gerade nicht so richtig rundläuft mit den persönlichen Freiheiten. Oder den Partner abends zu Hause hinsetzen und sich zum Feiern mitnehmen lassen. Diese Mutter weiß immer, wo gerade was läuft.

Was man auf keinen Fall zu ihr sagen darf: »Ach, Party ... Ich brauche das alles nicht mehr. Sein schlafendes Baby zu beobachten ist doch das eigentlich Spannende im Leben.«

Was man sich trotzdem von ihr abschauen kann: Wie man es schafft, nicht ans Aufstehen am Morgen danach oder an die Einkaufsliste zu denken.

Vorbild: Britney Spears.

DAS LEBEN MIT KLEINEN KINDERN

Zehn Gründe, warum das Leben mit kleinen Kindern wie das Leben im Knast ist:

› Du stehst bei jedem deiner Schritte unter ständiger Beobachtung.

› Morgens wachst du auf, weil jemand dich anschreit.

› Du hast immer Angst, etwas Schlimmes könnte passieren, wenn du unter der Dusche stehst.

› Du hast auch immer Angst, nachts könnte einer in dein Bett kriechen.

› Mahlzeiten sind angespannt. Immer.

› Es kontrolliert dich immer jemand, wenn du aufs Klo gehst.

› Du darfst den Film nicht aussuchen, und wenn er läuft, kannst du ihn wegen der Zwischenrufe nicht verstehen.

› Du lebst in ständiger Angst, dass jemand dich mit einer improvisierten Waffe haut, sticht oder zu Boden wirft.

› Gegenmittel (wie Alkohol, Schokolade und Erwachsenenfilme) müssen geschmuggelt und heimlich konsumiert werden.

› Zusammenkünfte mit dem Ehepartner sind kaum möglich, müssen genau geplant sein und werden oft unterbrochen.

Ein Unterschied zwischen dem Leben mit kleinen Kindern und dem Knast:

Einzelhaft ist keine Strafe, sondern eine Belohnung.
(frei nach einem Eintrag des New Yorker Bloggers Mike Julianelle)

Sieben Gründe, warum Kinder zu haben ist, als wärst du der HSV:

› Die Stadt liebt dich – aber wenn es zu laut wird oder Schmutz wegzumachen ist, will dich doch keiner haben.

› Deine wilden Zeiten sind verdammt lange her. Und hey, es sieht nicht so aus, als würden sie überhaupt je wiederkommen.

› Von wegen Heimvorteil: Wenn Besuch kommt, bist du meist gar nicht in Form und machst einen schlaffen Eindruck.

› Nachwuchs wird freudig begrüßt, aber bis er eingearbeitet ist und sich an die Regeln hält, vergehen Jahre.

› Wenn der Nachwuchs dann endlich auf der Höhe seiner Leistungsfähigkeit ist, will er plötzlich schon wieder aus dem Haus.

› Du hast einen gutmütigen Opa im Hintergrund, der manchmal leicht vertrottelt wirkt.

› Es gibt da ein gewisses Etwas, das kein Außenstehender versteht, das dich trotzdem glücklich sein lässt. Na ja, meistens.

**Zehn Gründe, warum Elternsein
wie Rockstar sein ist:**

› Du bist ständig auf Reisen, und zu viele Leute quetschen sich ins Auto.

› Manchmal fühlst du dich wie im Rausch und weißt nicht mehr, was du gerade vorhattest.

› Du musst eine Bande laut johlender und wild posender Menschen unterhalten, die durchs Zimmer springen.

› Ständig fragen alle: Und wann kommt was Neues von euch raus?

› Jeden Tag fragt man sich: Bin ich high, oder sehe ich das wirklich gerade?

› Dein Name wird immer nur geschrien, nie leise gesprochen.

› Irgendwer zerrt immer gerade an deinen Klamotten.

› Die Groupies kommen mit ins Badezimmer und aufs Klo.

› Jeden Tag liegt ein anderer bei dir im Bett, manchmal auch zwei.

› Am Ende eines Arbeitstags bist du verschwitzt, und deine Haare sind durcheinander.

(Sehr frei nach einem Eintrag der Bloggerin Kim Bongiorno)

Warum das Leben eines Babys wie ein Vollsuff ist, nur rückwärts:

Am Anfang hat das Baby alle Kontrolle verloren, macht sich in die Hosen, sabbert, glotzt glasig.

Dann kommt die Gier nach Brüsten.

Es beginnt voller Begeisterung immer wieder neue, sinnlos scheinende Tätigkeiten, schläft aber oft mittendrin ein.

Dann torkelt es herum, grinst breit, fällt immer wieder auf die Nase.

Es lallt und lächelt dabei debil und glücklich.

Wenn es dann sprechen kann, quatscht es dich stundenlang voll und schreit wütend, wenn du weggehst.

WAS PROMIS SAGTEN, ALS SIE ELTERN WURDEN – UND WAS WIRKLICH STIMMT

»*Deine Brüste gehören nicht mehr dir, sie gehören dem Kind.*«
Christina Aguilera

Realitätsgehalt: Stimmt, aber ein Aspekt wird vernachlässigt. Möglicherweise ist dieser Lernprozess nämlich für den Partner noch schmerzhafter als für die Mutter. Denn der muss ja auch erkennen, dass diese tollen, prallen Dinger anderweitig gebraucht werden. Grenzüberschreitungen werden seitens der Frau gern mit einem Faustschlag geahndet. Mutterbrüste neigen im vollen Zustand nämlich zum Spannen, Zwicken und Zwacken. Gieriges Antatschen streng untersagt.

*»Das Baby hat mein Gehirn gestohlen. Ich vergesse alles.
Ich verliere Freunde, weil ich vergesse, sie zurückzurufen.«*
Reese Witherspoon

Realitätsgehalt: Stimmt nur halb. Es ist vielmehr so, dass Mütter von Babys und Kleinkindern einfach so viel gleichzeitig erledigen und dabei jede Tätigkeit zigmal unterbrechen müssen, dass sie irgendwann alles vergessen, was nicht unmittelbar lebensnotwendig ist. Von mangelndem Verstand kann aber nicht die Rede sein. Was hilft: Zettel machen, wen man unbedingt mal wieder anrufen möchte. Nicht zu viel vornehmen, das stresst. Ein bis zwei Leute pro Woche zu treffen reicht völlig.

»Ich bin glücklich, fühle mich aber auch etwas betrogen.«
Rachel Zoe (Stylistin der New Yorker Stars)

Realitätsgehalt: Ein toller Satz! Schlicht und doch wahr. Er umschreibt in Kürze das Gefühl, das wohl die meisten Eltern kennen: Hätte mir nicht mal vorher einer sagen können, wie das wirklich ist mit dem Kinderkriegen?

»Ihre Füße sind geschwollen, sie weint, weil sie Probleme mit dem Stillen hat und weil sie nicht schläft.«
Das britische Magazin *Closer* **über Kim Kardashian**

Realitätsgehalt: Frechheit! Wo hat das Magazin diese Aussagen her? Vom Gärtner, der Kinderfrau oder gar vom Kindsvater selbst? Solche unappetitlichen postpartalen Leiden darf man nie, nie, nie vor aller Öffentlichkeit ausplaudern. Das erzählen sich Mütter höchstens untereinander. Vom mangelnden Taktgefühl des Informanten mal abgesehen dürfte die Aussage aber wohl leider wahr sein.

»Ich weiß nicht, ob ich meine Tochter mehr lieben kann als meine Hunde.« – »Es hätte auch eine Flasche Wasser in meinem Bauch sein können. Ungefähr so viel Verbindung hab ich gefühlt.«
Kristen Bell

Realitätsgehalt: Um das zu schlucken, muss man eine gute Portion Humor mitbringen. Dann aber kann man sogar etwas Verständnis für Frau Bell haben. Vermutlich ist sie gerade so genervt von ihrer Mutterrolle und dem allgemeinen Blabla über weibliche Hormone, Gefühle und Instinkte, dass sie ihr angeschlagenes Selbstwertgefühl mittels antibiologistischer Argumentation aufzupäppeln versucht. Ihr mutmaßliches Vorbild: Die – stets kinderlosen – weiblichen Raubeine in Hardboiled-Krimis wie Vic Warshawski (von Sara Paretsky) oder Chas Riley (von Simone Buchholz).

SÄTZE, DIE MAN ZU EINER MUTTER NACH DER GEBURT BESSER NICHT SAGEN SOLLTE:

Der Bauch ist ja immer noch da.

Also, mein Kind schläft schon durch, und mein Bauch sieht eigentlich auch wieder so aus wie vorher.

Bist ein bisschen blass um die Nase.

Du liegst noch im Bett?

Was, zehn Stunden Geburt? Mein Kind war nach drei Stunden draußen.

Du hast einen sensationellen Abend verpasst!

Und du bist jetzt so richtig Vollzeitmutter?

Auch einen Kaffee? Ach nee, du stillst ja. Wie wäre es mit einem Fencheltee?

Du siehst aus wie ein Zombie.

Wie oft kommt denn dein Baby in der Nacht?

VÄTERLEIDEN I:

Papa allein zuhaus
Meinen dreißigsten Geburtstag habe ich hinter mir, okay. Ich bin bald danach Vater geworden. Zwei Jahre später noch einmal. Dann das Problem: Ich arbeite für eine große Zeitung und liebe meinen Beruf. Trotzdem will ich auch mit meinen Kindern zusammen sein, was sonst? Das ist keine Frage von Ideologie – nur ein Idiot würde das verpassen. Ich spiele Jazz auf dem Klavier, Ego-Shooter auf der Playstation, lese Science-Fiction und etwas Nietzsche – ich bin ein ganz normaler Typ. Ein Kind der Wende, jener angeblichen Generation Golf oder X oder was, die gerade erwachsen wurde, als die Welt sich veränderte, also eigentlich wie immer. Wir suchen trotzdem, hieß es immer in den Zeitgeist-Artikeln, gern in Werten Zuflucht, Familie etwa. Quatsch! Familie ist kein Wert, sondern etwas, was einem passiert, etwas ziemlich Mächtiges. Meine Freunde sind nach wie vor voller Tatendrang, was die Abende und Nächte betrifft. Ich kann erst mal nicht mehr mit, oder nur noch selten. Meine Frau beschwert sich, dass sie für fast alles verantwortlich sei, ich habe aber das Gefühl, dass gerade ich alles mache. Nachts passieren nervige Dinge. Kinder wachen auf. Milchflaschen müssen angerührt werden. Man stößt sich den Kopf an der Küchenzeile, weil man so schlaftrunken dort hineinpoltert. Windeln oder vollgepinkelte Bettwäsche sind auszutauschen. Man trägt ein schreiendes Baby umher, obwohl die Müdigkeit schon unerträglich ist. Natürlich ist das Neue zu Hause

toll und aufregend, und andererseits fühle ich mich zugleich ausgeschlossen aus dem normalen Sozialleben. Als wäre das nicht verwirrend genug, stört noch das Gewissen: Ich kann abends hin und wieder mal verschwinden, meine Frau aber nicht. Ist das nicht ungerecht? Während mir meine Freunde den vierten Martini ausgeben, da ich ja – »Geil, Alter!« – Papa geworden bin, lässt sie sich zu Hause aussaugen.

Das alte Leben hat drei SMS geschickt und mich damit geweckt. Es ist tief in der Nacht – die Freunde hatten mit mir ausgehen wollen, zu einem Jazzrock-Konzert, das hinterher an der Bar ausführlich diskutiert werden will. Ich habe alles verpennt. Deswegen auch die vielen SMS. Ich lese, zuerst: »Mann, wo bleibst du?«, später dann Unverständliches, der Alkohol hat die Grammatik zerdeppert, auf jeden Fall aber scheint man sich zu amüsieren. Ohne mich.

Das Kleinkind ist eine nach allen Seiten offene Bedürfnismaschine, ein richtiger kleiner König. Ich bin der Bedürfnisbefriedigungsautomat. Ich bin es meist gern, aber ich musste erst lernen, das ungeschminkt zu sehen. Ich bin für sie ein bewegliches Möbelstück, das besonders gute Dienste leistet. Ich stehe in der Küche und suche den Apfelsaft. Von drüben tönt es langgezogen an mein Ohr: »Trinkeeeeeeen!«, und geht in Jaulen über. Ich liebe meine Kinder, wirklich. Ich habe mir nur manches etwas anders vorgestellt.

Ich komme mit dem Plastikbecher voll Saft zurück ins Kinderzimmer und versuche geduldig zu erklären, dass es ein bisschen dauert, den einzugießen. »Papa hat dich lieb«, sage ich zur Beruhigung dazu und meine es natürlich auch so. Die Antwort kommt prompt, kurz und trocken: »Kacke.« Den halben Saft gießt Leo auf den Boden. Natürlich sagt er das nur, weil er das böse Wort gerade entdeckt hat und voller Freude damit bei jeder Gelegenheit seine Umwelt provoziert. Das weiß ich und nehme es hin.

In England und den USA ist man mal wieder weiter als wir. Dort melden sich gerade die ersten wütenden Väter zu Wort und reden darüber, wie das Papasein einen fertigmachen und langweilen kann. Von dir wird erwartet, dass du dich großartig fühlst, aber erst einmal ist es nicht so. Es gibt unter Männern eine Verschwörung des Schweigens; sie durchschauen einander, dürfen aber bloß nicht zeigen, dass sie sich eigentlich langweilen. Die neue Offenheit ist erschreckend. Ein Reporter des *New York Times Magazine* beschrieb kürzlich, wie er den Impuls hatte, seine Tochter aus dem Fenster zu werfen. Manchmal stinkt es dir eben, dass du alles nur noch wundervoll finden und rosarot sehen sollst.

Derzeit werden in Deutschland jährlich etwa 670 000 Kinder geboren. Rund 380 000 Eheschließungen werden registriert und rund 170 000 Scheidungen. Mal mehr, mal weniger. Grob gilt jedes Jahr wieder: Auf zwei Hochzeiten kommt eine Scheidung. Weit über 100 000 minderjährige Kinder sind von diesen Trennungen betroffen. Frauen, die früher zähneknirschend in einer unerquicklichen Familiensituation geblieben wären, verlassen diese heute; das ist ein Fortschritt. Ich frage mich dennoch, warum Kinder die Beziehung so belasten, dass grob geschätzt nur die Hälfte der Paare durchhält.

Kulturelle Bilder, an denen man sich orientieren könnte, gibt es kaum. Oder doch: Heidi Klum steht schon wenige Tage nach der Entbindung ihrer Kinder wieder auf irgendeiner Bühne. Das höre ich oft von Freundinnen – die Menschen orientieren sich an so was. Dabei liegt das doch daran, dass Heidi Klum kein Mensch ist, sondern ein Roboter. Leider gibt es für Väter auch nur, gelinde gesagt, etwas schwierige Muster, wie man zu sein habe. Der paradigmatische tolle Vater aus der Werbung hat einen Dreitagebart, eine lässige, aber gepflegte Frisur, trägt moderne Klamotten aus dem Tchibo-Onlineshop, hat ein Grübchen am Mundwinkel und einen Neuwagen vor dem strahlend sauberen Reihenhaus. »Lieber möchte ich in kalter, steiniger Erde begraben sein«, würde der Opa Abe aus den *Simpsons* sagen.

LIEBLINGSSPRÜCHE VON DEN GROSSELTERN

Warum habt ihr überhaupt Kinder bekommen, wenn die schon mit anderthalb in die Kita sollen?

Wahlweise: Die Kinder sind wohl im Gulag? (Der Kita.)

Hättet ihr damals unser Haus übernommen und wir eine Wohnung in eurer Nähe, dann müsstet ihr den Kleinen nicht schon so früh in die Kita schicken.

Du hattest als Kind auch einen empfindlichen Magen, bitte klärt das mal mit dem Arzt ab!

Salami macht kleine Jungs stark.

Wieso meldet ihr euch nie?

Wir dürfen eure Kinder ja nie sehen.

Ihr bleibt eben immer unsere Kinder.

Opa zum Vater: Also, du mit deiner halben Stelle, wo soll das eigentlich mal hinführen?

Oma zur Mutter und mit Blick auf die Spinnweben in der Wohnzimmerecke: Hast du deine Putzhilfe eigentlich noch?

Die Frauen von heute halten nichts mehr aus.

Ihr Frauen von heute wollt einfach zu viel.

Studien haben ergeben, dass Babybrei aus dem Glas viel gesünder ist als selbstgekochter.

Du stillst immer noch? Wird dein Kind denn davon satt?

Zum Vater: Du gehst nicht aus. Du bleibst bei deiner Frau! Du hast doch schon was getrunken.

Zur Mutter: Er hat doch schon was getrunken.

Ist das dem Baby nicht zu kalt? Es zieht hier so.

Ihr gebt dem Kleinen zu wenig zu essen.

Ihr gebt dem Kleinen zu viel zu essen.

Lass mich mal machen. Euch hat das auch nicht geschadet, als ihr Kinder wart.

Wir waren mit eurem Kind beim Friseur! Was, das ist der erste Haarschnitt überhaupt? Na ja, eine Locke haben wir zur Erinnerung aufgehoben.

Ist der nicht toll, dieser Military-Overall in Größe 62? Süß, dass es die Dinger in so klein gibt!

Oma reicht dem Baby Schokolade: Ich weiß, deine Mami mag das gar nicht, aber – psst – es bleibt unser Geheimnis.

So kann man kontern:

Das hängt natürlich vom Charakter der Großeltern ab. Beim stockkonservativen Opa und einer absolut spaßfreien Oma sollte man vielleicht nicht mit den Haschkeksen kommen, bei den eher schmerzfreien Grenzverletzern wird die empathische Herangehensweise ins Leere laufen. Hier sind der Phantasie keine Grenzen gesetzt. Im Zweifelsfall ist Humor, gepaart mit einer gewissen Resolutheit, zielführend.

Empathie wecken:
Danke für den Hinweis, aber ich möchte gern meine eigenen Fehler machen.

Danke, schreib es mal auf, ich werde darüber nachdenken.

Mal mit Humor versuchen:
Klingt echt schräg, was du sagst, aber es liegen ja auch dreißig Jahre zwischen eurer und unserer Erziehung. Kein Wunder!

Hier, wollt ihr was von den Space-Keksen?
Kommen frisch aus der Röhre.

Ablenkungsmanöver:
Möchtest du nicht schon mal in die Küche vorgehen, den Kuchen aufschneiden, Schwiegermama?

Opa, kannst du mal mit dem Kleinen die Legoburg zusammenbauen? Er schafft es nicht alleine.

Und wenn alles nichts hilft:
Die Kinder den Großeltern überlassen und das Haus verlassen, sich einen schönen Tag machen. Allen wird es gutgehen.

BIZARRE VERHALTENSWEISEN

Eltern sind sonderbare Wesen. Man erkennt in ihnen mitunter nicht mehr die Menschen, die sie vorher einmal waren. Da ist zum Beispiel der Freund, der früher immer begeistert auf Demos zum 1. Mai gezogen ist und als Vater plötzlich mit Kind und Kegel die Stadt verlässt, weil das Polizeiaufgebot vor der Tür in der Zeit des Mittagsschlafes zu viel Lärm macht. Oder die Freundin, die man aus Schultagen als etwas phlegmatisch und entschlusslahm in Erinnerung hat und die allein durch die Anwesenheit von zwei kleinen Kindern in ihrem Leben gelernt hat, ohne auch nur eine Sekunde zu zögern, »Nein, das will ich nicht«, »Schluss jetzt!« oder »Ja, das machen wir so!« zu sagen, und zwar laut und deutlich. Über solche charakterlichen Veränderungen hinaus eignen sich aber alle Eltern spezielle Verhaltensweisen an, aufgrund von Schlafmangel, schlechtem Multitasking oder aus eiskalter Berechnung. Hier die schönsten Beispiele:

Beide tun so, als schliefen sie fest.

Ein Trick, wenn nachts das Baby zu schreien beginnt. Beide Partner hören es und wachen auf. Ein jeder tut aber so, als schliefe er noch tief und hätte nichts bemerkt. Jetzt geht's darum, wer die stärkeren Nerven hat. Irgendwann gibt einer entkräftet auf, erhebt sich demonstrativ ächzend, und torkelt schlaftrunken zum Kind, um es zu beruhigen. Er signalisiert damit auch: Beim nächsten Mal habe ich einen gut.

Reaktion des Partners: Er oder sie tut so, als wache er just in diesem Moment auch auf. Er setzt sich kurz auf und murmelt, Anerkennung heuchelnd: »Ach so, du gehst schon, danke.«

Sie steckt ihm einen Schnuller in den Mund.

Die Eltern unterhalten sich, das Baby sitzt auf dem Fußboden und jammert. Da steckt sie ihm einen Schnuller in den Mund und plaudert einfach weiter. Der Grund dafür könnte sein, dass sie einfach so müde ist, dass sie den eigenen Partner mit dem Baby verwechselt hat. Vielleicht will sie auch zum Ausdruck bringen, dass er endlich die Klappe halten und mit anpacken soll, das schreiende Bündel zu beruhigen.

Seine bestmögliche Reaktion: Er sagt nichts und tut so, als ob alles in Ordnung sei. Das schont die Nerven der Partnerin, außerdem gelingt es ihm vielleicht, die Verwechslung weiterzutreiben und mit dem Nuckel im Mund friedlich einzuschlafen. Vielleicht merkt sie nichts. Höchstes Glück!

Sie jammert: »Entweder ich nehme jetzt Drogen, oder ich geb mir Watschen!«

Müdigkeit und Langeweile haben die Mutter in die Verzweiflung getrieben. Mit letzter Kraft sucht sie nach Hilfsmitteln, die einen Energieschub versprechen, koste es, was es wolle.

Mögliche Reaktion: Der Partner gibt die Watschen. Sie haut zurück. So haben beide einen kleinen Frischekick. Aber nicht übertreiben. Bleibt in liebevoller Verbindung. Ein darauf folgender Streit zehrt nur an den Nerven.

Besuch kommt.
Der Vater schläft auf dem Sofa ein.

Da müssen Besucher nachsichtig sein. Es gibt im Leben junger Eltern manchmal Wichtigeres als eine anregende Konversation. Das Nachholen von Schlaf in jeder nur erdenklichen Situation hat existenzielle Bedeutung, und solange mindestens einer der Eltern wach bleibt und seine Gastgeberpflichten erfüllt, ist das auch jedem zumutbar. Schwierig wird es, wenn die Gäste plötzlich ganz alleine im Wohnzimmer sitzen. Dass das nicht passiert, darauf sollten die Eltern dann schon achten.

Reaktion: Einfach gepflegt weiterunterhalten, Kekse reichen. Wenn der Partner anfängt zu schnarchen, zu sabbern oder im Schlaf zu pupsen, einen Raumwechsel in die Küche erwägen oder den Besuch zu einem kleinen Spaziergang an der frischen Luft animieren.

Die Mutter hat sich das Baby ins Tragetuch gesteckt und hüpft vor dem Fernseher auf und ab.

Das kann auf den Partner zunächst beunruhigend wirken, ist es aber nicht. Es gibt auf DVD ein spezielles Training für Mütter mit Baby, die durch Schwangerschaft und Geburt total unfit sind und es nicht schaffen, an einem zu festen Uhrzeiten stattfindenden Sportkurs teilzunehmen: Kangatraining. Richtig, der Name ist angelehnt an das Tier mit dem Beutel vorne dran. Die Idee ist, das Baby mit ins Workout einzubinden. Angeblich schlafen unruhige kleine Knirpse bei dem Gehüpfe sogar besonders gern ein. Erinnert ein bisschen an Methoden beim Militär, mit schwerem Gepäck durchs Gelände zu rennen. Lässt Bauchfett schmelzen.

Bestmögliche Reaktion: Animierend mitsingen. Oder – wenn die Geschwisterkinder groß genug sind – diese mit einbinden. Tuch um den Körper, Stofftier rein und los. Der Spaß ist garantiert.

ENERGIESCHONENDE SPIELE

Im Regelfall sind Eltern für ihre Kinder rund um die Uhr ansprechbar. Über die revolutionären Pläne großer Konzerne wie BASF oder VW, ihre Mitarbeiter zukünftig abends und wochenends nicht mehr mit Handyanrufen und E-Mails zu traktieren, weil das der Work-Life-Balance zuträglich sei, können wir nur müde lachen. Wie unsere eigenen Eltern das früher hinbekommen haben, erfolgreich Mittagsruhe zu verordnen, bleibt ein Rätsel. Unsere Kinder latschen überall rein, zu jeder Zeit: ins Bad, ins Schlafzimmer, ins Arbeitszimmer. Immer wollen sie was von uns. Und wenn sie nichts von uns wollen, verfallen sie garantiert in einen Streit, und wir müssen hin, um zu schlichten. Uns erschöpften Eltern bleiben da heute nur noch faule Tricks, um uns mal für ein paar Sekunden oder gar Minuten unsichtbar zu machen. Am beliebtesten ist die Masche »Weiß ich nicht, kann gerade nicht, geh mal den Papa/die Mama fragen!« Väter verschwinden auch gern für eine längere Sitzung auf dem Klo, und zwar meistens in der hektischen Phase des Zubettbringens. Bei uns haben sich im Laufe der Zeit ein paar Spiele durchgesetzt, die sich hervorragend dazu eignen, auch in Anwesenheit der Kinder ein paar erholsame Momente herauszuschlafen.

Pizza backen spielen

Der Erwachsene legt sich bäuchlings auf den Fußboden, die Kinder sollen den Rücken – die Pizza – mit eingebildeten Zutaten belegen. Dazu muss der Teig erst einmal gut durchgeknetet werden, was faktisch eine Massage ist. Dann sollen die Kinder die unsichtbaren Pilze und die imaginierte Paprika sanft in diesen Teig hineindrücken. Danach mit Streichelbewegungen die Phantasie-Tomatensoße verteilen.

Spaßfaktor: 3/10 – Relaxfaktor: 9/10

Versteckenspielen

Der Klassiker unter den Kinderspielen ist sehr gut geeignet, um lange in einem sehr guten Versteck zu bleiben, die Augen zu schließen und in einen Sekundenschlaf zu verfallen. Man versteckt sich einfach so gut, dass die Kinder einen sehr lange nicht finden. Es hilft, wenn man vorher autogenes Training geübt hat, dann kann man sich noch schneller tief entspannen. Wenn die Erwachsenen dran sind mit Suchen: eine Flasche Wein öffnen, es sich mit dem Partner am Küchentisch bequem machen und verkünden, man werde diese Runde mal bis 100 zählen, und zwar gaaanz langsam. Für ein Gläschen reicht es meistens.

Spaßfaktor: 4/10 – Relaxfaktor: 2/10

Picknick auf der Wiese

Der englische Autor Tom Hodkinson, der eine Philosophie verfolgt, nach der man dem Leben insgesamt besonders entspannt gegenübertreten soll, hat auch einen Vorschlag für den idealen Nachmittag mit Kindern. Man braucht eine große Wiese, sagt er. Am einen Ende viele Kinder. Auf der anderen Seite, weit entfernt, die Eltern, und dazwischen viel Bier, das die Eltern gemeinsam trinken, während sie sich nicht (!) in das Spiel der Kinder einmischen.

Spaßfaktor: 10/10 – Relaxfaktor: 9/10

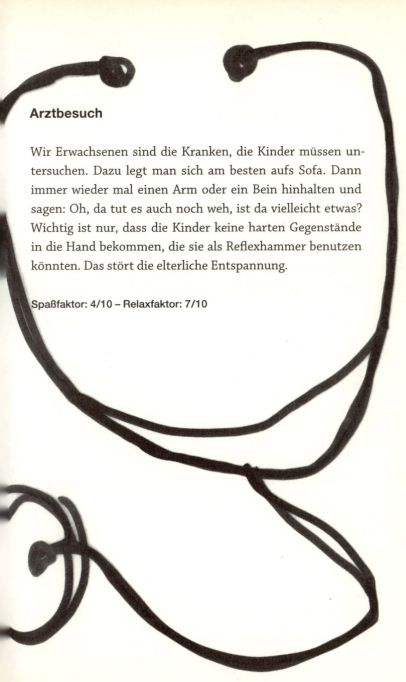

Arztbesuch

Wir Erwachsenen sind die Kranken, die Kinder müssen untersuchen. Dazu legt man sich am besten aufs Sofa. Dann immer wieder mal einen Arm oder ein Bein hinhalten und sagen: Oh, da tut es auch noch weh, ist da vielleicht etwas? Wichtig ist nur, dass die Kinder keine harten Gegenstände in die Hand bekommen, die sie als Reflexhammer benutzen könnten. Das stört die elterliche Entspannung.

Spaßfaktor: 4/10 – Relaxfaktor: 7/10

Eine Theateraufführung machen

Die Kinder sollen ein Stück vorbereiten, mit Puppen oder ohne, als Tanz oder Sprecheinlage, egal. Sie bekommen dazu eine Ecke im Zimmer und einen Stoff als Vorhang, man kann dazu zum Beispiel einmal eine Vorhangstange mitten im Kinderzimmer montieren. Es lohnt sich! Ganz wichtig: Zuerst einmal sollen die Kinder in Ruhe proben. Damit schinden wir Zeit. Und während die Kleinen dann nach ausgiebigem Proben und Diskutieren in der Vorstellung ihre Künste zeigen, können die Eltern es sich als Zuschauer auf ein paar Kissen gemütlich machen. Sehr engagierte Sprösslinge reichen dazu sogar noch Getränke und Knabbereien.

Spaßfaktor: 7/10 – Relaxfaktor: 5/10

WAS DIE FAMILIE AUS UNS MACHT

**Wie die Dinge sich ändern –
vom ersten zum zweiten und dritten Kind**

	Beim ersten Kind	Beim zweiten Kind	Beim dritten Kind
Ausgehen	Von unterwegs ruft ihr sechsmal den Babysitter an und kommt schon vor Mitternacht heim.	Ihr macht das Babyphon an, geht und bleibt bis nach Mitternacht weg.	Ihr geht nicht mehr zusammen aus.
Fremdgehen	Großes Drama, ihr trennt euch, versteht euch nie wieder.	Großes Drama, aber mit den Kindern ist so viel zu tun, dass es schnell wieder in Vergessenheit gerät.	Der oder die Betrogene ist froh, seine Ruhe zu haben.

Beim Spazierengehen fällt dem Kind der Schnuller raus	Ihr eilt nach Hause, kocht das Ding 15 Minuten steril aus, erst dann benutzt ihr es wieder.	Ihr hebt ihn auf, leckt einmal dran und steckt ihn dem Kind beherzt wieder in den Mund.	Ihr hebt ihn auf und schmeißt ihn in die nächste Mülltonne.
Aufräumen	Ihr rennt in jeder freien Minute herum und sammelt Spielzeug vom Boden auf.	Ihr versucht die Kinder zum Aufräumen zu bewegen.	Ihr lasst alles, wie es ist, und hebt die Füße.
Stil	Ihr lauft herum wie ein Zombie, zum Duschen ist keine Zeit.	Ihr steht extra eine Stunde früher auf, um genug Zeit im Bad zu haben.	Ihr schlaft, solange es geht, und schafft es, in 5 Minuten tipptopp ausgehfertig zu sein. Eure Kleider bestellt ihr aus Zeitmangel im Internet.

Schlaf	Ihr schlaft weiterhin in einem Bett und wacht beide mehrmals nachts wegen des Babygeschreis auf.	Scheiß auf die Romantik 1: Der Vater schläft auf der Couch, damit er morgens fit für die Arbeit ist.	Scheiß auf die Romantik 2: Der Vater schläft auf der Couch, weil seine Frau es nicht erträgt, dass sie nachts stillen muss, während er neben ihr schnarcht.
Sonntag	Spielplatz	Kindercafé	Jeder macht, was er will.
Das Kind hat sich das Knie aufgeschürft	Ihr geratet in Panik und fahrt in die nächste Rettungsstelle.	Ihr holt ein Pflaster und singt »Heile, heile Gänschen«.	Ihr lasst die Wunde lufttrocknen und sagt: »Das Bein wird's schon nicht kosten.«

Essen Ihr schmiert den Kindern Brote und reicht Rohkost dazu.

Die Kinder bekommen Schokoaufstrich, wenn sie dafür auch das Vollkornbrot essen.

Die Kinder essen Schokoaufstrich mit dem Löffel direkt aus dem Glas.

VÄTERLEIDEN II:

Männer auf verlorenem Posten
Bei der Arbeit habe ich meine Stelle halbiert, um mehr mit den Kindern zusammen zu sein, mit meiner Frau ein Beziehungsleben zu behalten und mich richtig auf die Familie einzulassen. Die Folge ist, dass mich plötzlich keiner mehr ernst nimmt. Du bist als Mann unsichtbar, wenn du nicht voll auf Karriere setzt. Zwar machen fast alle Kollegen zwei Monate Elternzeit und verabschieden sich davor breit grinsend mit einem Sekt im Konferenzraum. Aber ernsthaft an der Erziehung teilnehmen, dem ganzen nervigen Alltag? Nein danke. Zwei Monate Elternzeit sind natürlich ein netter langer Urlaub.

Auf lange Sicht aber bleibt alles beim Alten. Dabei ist doch längst klar, dass das klassische Arbeitsmodell in die Sackgasse führt. Meine Frau hat die Möglichkeit, dass ich wie ein typischer Bürohengst Vollzeit arbeite und sie wie eine typische Hausfrau gar nicht, immer mit dem Satz kommentiert: »Wir würden uns nach spätestens einem Jahr trennen.«

Ich werde also ein Papa, und zwar im Ernst. Wenn, dann richtig, denke ich mir, alles andere kommt nicht in Frage. Wenn der Tag schon wieder ungenutzt durchgerast ist bis zu dem Moment, da der Kleine aus der Kita muss, ziehe ich meine Lederjacke an und blicke noch einmal in den Spiegel. Ich sehe eine struppige Frisur (unfreiwilliges Vorbild: der verrückte Nachbar Kramer aus der Serie *Seinfeld*), ein unrasiertes Kinn, dicke, dunkle Augenringe, aber auch diese echt coole Jacke. Die habe ich mal in New York gekauft, als ich dort zwei grandiose Monate mit einem Freund abhing: Tagsüber schrieb ich mit ihm eine Komödie, nachts probierten wir alle Bars im East Village aus. Aber Moment, bevor ich mich jetzt in Nostalgie verliere, es gibt ja keinen Grund mehr, sich an die herrlichen Zeiten der Freiheit zu erinnern. Denn die sind passé.

Also los in die Kita. Von den anderen Vätern kommen natürlich auch manchmal welche. Im Anzug, Freitagnachmittag nach der Arbeit. Sie zeigen sich kurz und holen das Kind ab. »Finja, wo sind denn deine Hausschuhe?« Die Typen wissen nicht mal genau, wo was im Fach liegt. Außer mir gibt es nur einen anderen Vater, der oft kommt. Der hat wahrscheinlich eine Frau, die im höheren Management arbeitet. Er fährt immer mit so einem Öko-Fahrrad, das vorn einen großen Kasten eingebaut hat, in dem die Kinder sitzen können. Es ist rosa! Bestimmt ist der Typ okay, ich habe aber noch nie mit ihm geredet. Wenn wir uns begegnen, senken wir den Blick und schlurfen hastig aneinander vorbei.

Heute hilft dir übrigens auch der Staat nicht viel. Nur dort, wo früher mal DDR war, gibt es Kitas für die ganz Kleinen. Der Westen macht keine Anstalten, nachzuziehen. In Darmstadt, München oder Schleswig kannst du dein Kind die ersten drei Jahre lang nicht mal für ein paar Stunden am Tag gut betreuen lassen. Wenn du kein Geld hast. Und bevor Ministerin von der Leyen kam, gab es für nicht so wohlhabende Menschen (wie mich) – also für diejenigen, die Unterstützung wirklich brauchen – zwei Jahre lang 300 Euro Erziehungsgeld. Seit ihrer vielbejubelten Reform gibt es für arme Familien nur noch zwölf Monate lang 300 Euro. Also halb so viel. Danke! Dafür bekommen Gutverdiener nun jeden Monat 1800 Euro Elterngeld. Es ist die erste Sozialleistung in der Geschichte der BRD, die nicht den Bedürftigen begünstigt, sondern den, der eigentlich schon viel hat. Natürlich kenne ich einige von den Ganzgutverdienenden. Sind ja oft reizende Leute. Sie leisten sich von der Kohle einen schönen Urlaub, fahren mit dem Kind ans Mittelmeer oder sogar nach Fernost. Es geht jetzt nicht darum, auf Sozialneid zu machen oder die Hand aufhalten zu wollen. Aber – gründest du einen Speditionsfuhrpark, wirst du kräftig gefördert. Gründest du eine Familie, passiert wenig.

Letztlich sind wir auf uns gestellt. Als Männer sowieso. Bist du Papa (und lässt dich drauf ein), lebst du erst einmal im Untergrund. Die Gesellschaft vergisst dich. Kann ja auch mal ganz angenehm sein. Muss man sich aber ungeschminkt vor Augen führen.

KLEINE GESCHENKE ERHALTEN DIE PARTNERSCHAFT

**Die drei Geheimnisse guter Elternpaare:
Aufteilen! Aufteilen! Aufteilen!**

**Eine Handreichung für das gelungene
Abwechseln im Kindermanagement**

Es gibt da diese Orte für junge Familien, die kommen direkt aus der Hölle: Tobeland oder Spielparadies heißen sie. Hallen, bis oben hin vollgestopft mit Hüpfburgen und Kettcarbahnen, Trampolins und Fastfood-Bistros. Wie oft hat man dort schon im Pulk aufeinandergehockt, den Kindern beim Ausrasten zugeschaut und sich insgeheim ganz weit weggewünscht? Während sich die Kleinen die Lippen blutig schlagen, streiten die Erwachsenen über die Aufgabenverteilung (wer ist dran mit Hinterherrennen und Trösten?) und kauen lustlos auf den mitgebrachten Stullen herum. Warum macht man das eigentlich? Es geht doch auch anders. Das Zauberwort heißt: Arbeitsteilung! Sie hat nicht nur den Siegeszug des Kapitalismus möglich gemacht, wie Karl Marx sagte, sondern auch jungen Eltern ein bisschen Freiheit und Würde zurückgegeben.

Also: Teilt euch auf! Es müssen nicht immer beide über die Brut wachen. Einer zieht das Kinderprogramm durch, der andere haut ab, je früher, desto besser. Am Abend ist dann der eine stolz auf das Geschaffte, der andere glücklich, weil er mal wieder einen Nachmittag mit den Freunden oder beim Sport verbringen konnte. Und das Beste: Wenn man alleine mit den Kindern ist, dann kann man auch nicht latent sauer auf den Partner sein, weil der, statt mitzumachen, auf sein Smartphone guckt oder sonst wie unbeteiligt wirkt. Ja, ehrlich! Man kann seinem Partner sogar mal einen freien Tag am Wochenende schenken. Mit Sicherheit kommt so viel selbstlose Liebe doppelt zu einem zurück.

GUTSCHEINE

> Ein freier Abend mit Freunden.
> Ich bringe die Kinder zu Bett.

Dazu gehört notwendigerweise auch:

> Der Du-hast-morgen-früh-frei-Joker:
> Ausschlafen am nächsten Morgen
> bis … Uhr (Zahlen ab 10 dürfen eingetragen werden.)

> Einmal Schwimmbad und Sauna. Ich koche derweil für uns, und wir verspeisen das Ganze vor dem Fernseher, wenn die Kinder im Bett sind. Die neue Staffel von »… … …« habe ich schon besorgt.

Einmal Kosmetikerin/Friseur/
Bartschneider (der Laden mit den
guten Klatschzeitschriften/der coolen
Hintergrundmusik/dem angenehmen
Raumduft/dem hübschen Azubi)

Ein freier Nachmittag zum
Bummeln, Shoppen, Kaffee-
trinken, Galeriebesuch, Auf-
der-Wiese-Liegen ... was immer
du willst (von ... bis ... Uhr)

Ein freies Wochenende in der eigenen Stadt – um den Ort, an dem man wohnt, mal ohne Kinder besser kennenzulernen. *(Vorteil: Günstig. Keine Reisekosten.)* Mit bestem Freund/bester Freundin, inklusive Hotelübernachtung. Bannmeile garantiert: Ich schwöre, mich mit den Kindern bis auf … km nicht zu nähern.

Du darfst abends in Ruhe noch mal raus, Süßes/Knabberkram/Bier/Zigaretten holen, ich lese den Kindern inzwischen die Gutenachtgeschichte vor.

Der allgemeine Joker: Ich erfülle Dir einen Wunsch (egal ob Striptease im Wohnzimmer oder Küche aufräumen).

Ein Treffen mit der netten neuen Kollegin/dem netten neuen Kollegen. Flirten erlaubt. Ich gelobe, keine dummen Sprüche zu machen.

ELTERNLEBEN I

Wir, die Clowns der Nation.
Ein Sonntag mit Schrecken

Thomas: Okay, ich habe einen leichten Kater. Ich bin am Vorabend wie immer vor allen anderen aus der Kneipe gegangen, aber ich war immerhin da, und spät wurd's doch. Meine Frau war mit – toll! Wir gehen so selten zusammen aus, also haben wir uns einen Babysitter genommen und Freunde besucht. Es gibt nur ein Problem: Wo ist der Babysitter für den Morgen danach, wenn beide kaputt sind und die Kinder so aufdrehen, wie sie es gewohnt sind? Definitiv eine Marktlücke: Babysitting für die Aufwachzeit. Man schleppt sich also in die Küche. Kippt wahllos Haferflocken in Schüsseln, heißes Wasser drauf. Bloß schnell irgendwas tun, damit dieses Protestgeschrei aus zwei Kinderkehlen aufhört. Im Fernsehen sieht man ja manchmal Leute, die vor Parlamenten oder Rathäusern demonstrieren, und es kommt doch keiner raus und spricht mit ihnen. Die könnten hier alle noch was lernen. Diesem Druck hält keiner stand. Gibt es noch dieses Zeug, das meine Eltern immer hatten, Alka-Seltzer?

Die Frau liegt noch oder wieder im Bett, wie tot. Ein hektischer Morgen: Zuerst waren die Kinder da und lagen plötzlich auf uns drauf. Dann die lautstarke Hungerdemonstration! Also abfüttern. Zwei Sunden später spüre ich selbst ein Loch im Magen. Hastig schlinge ich Toastbrot in mich rein. Im Wohnzimmer klopft schon wieder einer wie wild gegen das Telefonschränkchen, der andere weint, weil ihm irgendwas weggenommen wurde. Ich muss Feuerwehr spielen.

Julia: Vor dem Wochenende haben wir immer große Angst, denn da ist die Kita geschlossen. Schlimmstenfalls tanzen uns die Kleinen von morgens um sechs bis abends um halb zehn auf der Nase herum. Wenn wir das rührige Kita-Personal nicht hätten, wären wir schon längst am Rande des Nervenzusammenbruchs. Ich weiß, das ist Jammern auf hohem Niveau: Unseren Müttern hat schließlich überhaupt niemand geholfen. Aber die waren entweder leidensfähiger oder hatten keine Bedenken, Beruhigungstabletten und Ähnliches zu schlucken.

Ein Arzt, den ich mal wegen eines nervösen Lidzuckens aufsuchte, sagte: »Stress, Überarbeitung. Entweder Sie arbeiten im höheren Management, oder Sie haben Kinder. Was von beidem also?« Kinder sind mit einer normalen beruflichen Tätigkeit gar nicht vergleichbar. Die Arbeit möchte ich mal sehen, bei der einem pausenlos das Wort abgeschnitten wird, bei der Leute sich auf den Boden werfen und alles zusammenbrüllen, weil man irgendetwas getan, nicht getan oder nicht richtig getan hat. Einen Job, bei dem alle paar Minuten drei Telefone und ein Wecker klingeln, der Chef einem auf den Teppich pinkelt, wenn man einen Fehler gemacht hat, und hinterher sagt: »Aufwischen!« Dazu Kollegen, die das Mobbing so weit treiben, dass sie deine Unterlagen verwüsten, wenn du einmal zur Toilette gehst.

Es ist fast immer das Gleiche: Das Wochenende naht, und wir haben noch keine Pläne. Seltsamerweise kennt man immer so Supereltern, die einem schon am Freitag erzählen, was sie sich alles vorgenommen haben: einen Ausflug an den See, ein Grillfest, ein Kinderfrühstück. Wenn man nach dem ungeliebten Samstagseinkauf erst mal planlos zu Hause festsitzt, springen die Kinder auf einem herum und schreien in immer schrilleren Tönen: »Mama, Papa, sagt doch endlich mal was!«

Thomas: Der Sonntag ist das Grab aller Ideale und aller falschen Hoffnungen, die man an sein Leben richten kann. Das denke ich schon immer. Denn er zeigt dir alles so langweilig und so leer, wie es nun einmal ist, wenn die Fassade mal kurz geschlossen hat. Wenn du ausspannen und dich erholen sollst, fällt dir doch erst richtig auf, dass du in ein Leben eingeschraubt bist, das so etwas nötig macht.

Du kannst zehn Freunde anrufen, die ebenfalls Nachwuchs haben, und sie werden alle antworten: Spielplatz. Das Standardprogramm für den Sonntag. Leider hasse ich Spielplätze. 10 mal 15 Meter, streng rechteckig, Rutsche, Schaukel, schmutziger Sand. Drum herum Mütter, die gelangweilt ihre Kippen an den morschen Holzbänken ausdrücken. Im Sand Prügeleien um das grellbunte Plastikspielzeug. An den Gerüsten stößt man sich permanent die Birne. Die älteren Kinder sind lasch erzogene Rowdys, toben wie die Wahnsinnigen herum, sodass man um das Leben der Kleinen fürchten muss.

Der Spielplatz ist die Erlebniskneipe der Kinderjahre. Genauso doof, genauso überflüssig und genauso haarscharf an den wirklichen Bedürfnissen vorbei. Man sollte die revolutionäre Kraft der Kinder anerkennen. Sie spielen doch sowieso am liebsten im Gebüsch am Rand der Spielplätze. Dort erfinden mein Sohn und seine beiden Freunde Magnus und Lilli sich Wohnungen mit unsichtbaren Haustieren. Schön ist das, sie haben schon erkannt, dass der domestizierte Spielplatz eigentlich Mist ist.

Julia: Von fünf Stunden Streit pro Woche zwischen meinem Mann und mir fallen mindestens drei aufs Wochenende. Meist weil wir einfach nur schlafen wollen und nicht dürfen. Das können Freunde ohne Nachwuchs nur schwer verstehen. Hohngelächter begleitet uns, wenn wir uns kurz nach Mitternacht von einer Feier verabschieden, weil die Kleinen ja morgen wieder früh wach sind. Aber Schlafentzug macht wütend!

Thomas: Hundert Mal schon ist mir der alte Gag eingefallen: »Schatz, ich geh nur mal runter, Zigaretten holen«, sage ich dann. Dabei würde ich meine Frau nie »Schatz« nennen, und ich rauche auch nur auf Partys. Ich meine dieses Klischee von früher, dass der Mann genau diesen Satz sagt, rausgeht und nie wiederkommt. Es ist ein Scherz, klar, aber meine Frau weiß auch genau, was gemeint ist. Sie stellt sich dann wohl auch vor, wie sie einfach abhaut, in eine ungewisse, aber ruhige Zukunft.

Mein neuester Trick: Es gibt einen Supermarkt in der Nähe, der auch sonntags geöffnet hat. Daher überlege ich mir irgendwas, das wir dringend brauchen, verkünde, dass ich mich opfern würde, es eben mal zu holen, und verschwinde schnell. Im Supermarkt fühle ich mich frei. Die Anonymität, das Wandeln zwischen den Regalen, die seichte, dümmliche Musik, wunderbar. Ich kann zehnmal die Schleife durch die

Bereiche »Backwaren«, dann links um die Ecke »Feinkost«, wieder zurück durch »Tee und Kaffee«, im Halbkreis um den Stand »Konserven Importe« und wieder zurück gehen. Ich lehne mich auf den Einkaufswagen und lasse mich rollen. Danach schlafe ich auf einer Kiste neben dem Automaten zur Pfandrückgabe ein. Als der Marktleiter mich weckt, gibt es nicht einmal Ärger. Er hält mich einfach nur für einen Trinker und schickt mich höflich nach Hause.

Julia: Einen Teil des Wochenendproblems habe ich mir selbst eingebrockt. Es ist ein paar Wochen her. Mein Liebster schleicht bedrückt durch die Gegend. »Ach, ich habe ja keine wirklichen Freunde«, seufzt er jetzt, und nun tut er mir richtig leid. »Das stimmt nicht«, wende ich sanft ein, »du kannst Cornelius anrufen, oder Martin!« – »Die sind sicher schon verabredet.« Das ist ein fadenscheiniges Argument. Am nächsten Tag rufe ich selbst Cornelius an und bitte ihn, dass er und seine Kumpels ihn zum Fußball mitnehmen. Irgendwie scheinen sie ihn vergessen zu haben, seit er Vater ist.

Und dann schenken sie ihm in einem Anfall von Mitleid gleich eine Dauerkarte. Die Folge: Mein Süßer ist weg, Bundesliga gucken, und lässt mich mit den Kindern allein. Ein Spiel dauert 90 Minuten, das geht noch. Aber hinterher muss er sich alles noch mal im Fernsehen ansehen und danach noch ausführlich mit seinen Freunden, die er ja gerade erst gesehen hat, telefonieren. Resümieren.

Thomas: Endlich Abend! Wir haben den Sonntag überstanden. Aus Verzweiflung haben wir schon um fünf Uhr nachmittags einen Rotwein geöffnet. Jetzt schlafen die Kleinen.

Ich möchte noch etwas machen. Vielleicht könnte man sich ja näherkommen? Oder wenigstens zusammen einen Film ansehen? Aber meine Frau ist müde, sie steht seltsam schief da, die Augen sind zwar offen, aber darin tut sich nichts mehr. Ich sage, was für ein Leben, wo bleibt die Beziehung! Aber Provokation nützt nichts, wenn jemand am Ende ist. »Ich kann einfach nicht mehr!«, jammert sie.

Wir legen uns also hin. Ehrlich gesagt, ich sinke auch sofort in einen totenähnlichen Schlaf. Morgen ist Montag, ich freue mich. Bob Geldof und die Boomtown Rats sind Idioten. Von wegen »I don't like mondays«. Montage sind schön.

DAS KAMASUTRA FÜR ERZIEHUNGSBERECHTIGTE

Sex war gestern. Heute: durchwachte Nächte, Grabenkämpfe mit dem Partner um die Rollenverteilung und ein mattes Selbstbild. Traurig, aber wahr: Das kaum vorhandene Sexualleben ist das Problem Nummer eins für Eltern kleiner Kinder. Da muss man umdenken. Der romantische Geschlechtsverkehr mit Kerzen, Massageöl und vier Stunden Vorspiel fällt aus zeitökonomischen Gründen und wegen mangelnder Ausdauer weg, dafür geht aber Folgendes:

Waschmaschine

Ein Tête-à-Tête im Badezimmer, auf der Waschmaschine, halb im Stehen. Ist diese auf Schleudergang gestellt, dringen auch keine Geräusche zu den Kindern durch. Dann zur Sache, aber schnell! Denn der Nachteil ist: Auch wir hören die Kinder im Ernstfall nicht. Gibt es Streit um eine Spielfigur oder stürzt einer vom Hochbett, dann kriegen wir das gegebenenfalls nicht gleich mit. Außerdem besteht die Gefahr, dass eins der Kinder ganz dringend aufs Klo muss. Meistens ist das dann, wenn wir gerade dort sind. Die Kleinen ahnen das irgendwie.

Fernseher

Wenn er im Bett stattfinden soll, dann darf der Akt genau 29 Minuten dauern. So lange dauert nämlich eine *Sendung mit der Maus*. Die ist absolut harmlos und doch fesselnd. Von Spielfilmen ist abzuraten. Da meldet sich bei den Kindern zwischendurch der kleine Hunger, oder irgendjemand bekommt Angst und ruft.

Pyjamaparty

Nachts im Bett. Insbesondere am Wochenende praktikabel. Wecker auf ein Uhr stellen, aufwachen, Sex machen. Weil dann beide am nächsten Morgen vollkommen kaputt sind, geht das nur mit dem Du-hast-morgen-früh-frei-Joker (siehe: Gutscheine, S. 68). Wer Dienst hat, wird sich zwar wie ein Toter fühlen, dafür bleibt der Triumph, dass es mal wieder geklappt hat. Außerdem übernimmt im Idealfall ab Mittag der ausgeschlafene Partner. Gefahr: Man überhört den Wecker, dafür wacht das Baby auf.

Auto

Ein 10-Minuten-Quickie auf dem Parkplatz. Aber Achtung: Nicht vor der eigenen Haustür oder der Kita! Man könnte erkannt werden. Am besten die großzügige Parkfläche vor dem nächsten Baumarkt aufsuchen. Gefahr: Man ist ja auch nicht mehr der Jüngste, also Achtung bei akuten Bandscheibenproblemen und der Neigung zu Klaustrophobie.

Heiße Worte

»Reich mir doch bitte mal die Banane rüber, danke!« – »Ist der Spargel eigentlich schon gar?« Am Abendbrottisch in Stimmung reden. Die Kinder werden es nicht merken. Dann elegant zum Punkt Waschmaschine übergehen. Gefahr: Die Kinder schreien so laut, dass ein Gespräch nicht zustande kommt. Die letzte vorhandene Banane ist zu Babybrei zermatscht, und der Spargel war leider schon aus.

ANSICHTSSACHE:

Ist das Zerstörungswut oder Kreativität?

Häusliche Kollateralschäden bleiben nicht aus, wenn man kleine Kinder hat. Also sollte man sich besser darauf vorbereiten, dass mit Ruhe und Ordnung in den ersten paar Jahren des Kleinkindseins nicht zu rechnen ist. Einige Dinge, die einem lieb und teuer sind, wie die selbstgetöpferten Keramikfiguren aus eigenen Kindertagen oder der Vintage-Plattenspieler, gilt es zwei Regalreihen hochzustellen oder gar ganz aus der Wohnung zu entfernen. Die Kinder sehen das anders. Für sie sind unsere Trophäen einfach interessante Objekte, die man mit ein paar lockeren Pinselstrichen oder einer Schere rasch umfunktionieren kann. Bleibt in jedem Fall entspannt, auch wenn es schwerfällt! Denkt positiv! Und lobt Eure lieben Kleinen für ihre Kreativität. Das ist wichtig für ihr Selbstbild.

Die Schallplattensammlung ist wieder um zwei Prozent geschrumpft.
› Macht nichts! Das sind die acht seltenen Vinyl, die jetzt als Frisbee im Kinderzimmer liegen.

Der Laptop hat sein Design verändert.
› Sah doch ohnehin etwas öde aus. Mit der bunten Filzstift-Raupe vorne drauf ist er viel origineller!

Das Handy liegt in der Waschtrommel.
› Ja, stimmt, das scheppert schön. Du bist wirklich musikalisch!

Da sind ja überall Centmünzen in den Ritzen zwischen den Klaviertasten.
› Da hast du dir aber ganz viel Mühe gegeben!

Fußcreme in meinem Matcha-Tee!
› Gut beobachtet, es sieht tatsächlich ein bisschen aus wie ein Matcha Latte.

Das Meerschweinchen hat rosa Haare wie Oma Trude.
› Ach, ihr habt Friseur gespielt. Mit dem Haarspray von Karneval. Originell!

YOGA FÜR KINDER

Der nach unten schauende bockige Bock

Das Kind hat Hände und Füße fest in den Boden gestemmt und hebt den Popo in Richtung Decke. Alle Gliedmaßen sind aufs Äußerste angespannt. Dazu schrilles Schreien. Damit zeigt der angehende Yogi unmissverständlich: Nein! Ich komme nicht mit in die Kita/zum Zahnarzt/zu Tante Bärbel.

Der Wurm in der Pfanne

Das Kind rollt sich scheinbar unkontrolliert auf dem Boden herum. Den Kopf hält es in einer Linie mit dem Rumpf. Dazu stößt es keuchende, knurrende Geräusche aus und reagiert nicht auf elterliche Ansprache. Bedeutung: siehe oben.

Die Hände gen Himmel

Auf den Knien durch den Sand des Spielplatzes rutschend wirft der Nachwuchs bei dieser Stellung beide Hände nach oben in Richtung Himmel. Hat Ähnlichkeit mit dem fallenden Soldaten auf dem berühmten »Why?«-Poster aus der Anti-Vietnamkriegs-Bewegung. Allerdings prangert das Kind damit nicht das Leid der Welt an, sondern nur, dass es kein zweites Eis bekommen darf.

Der schlaffe Gallert

Wenn die Eltern es dennoch schaffen, ihr Kind hochzuheben, um es etwa ins eigene Bett zurückzutragen oder durch das Treppenhaus hinauf in die Wohnung – dann kommt ein einfacher, aber effektiver Trick zum Einsatz. Das Kind lässt urplötzlich alle Muskeln erschlaffen, schließt die Augen und horcht nur noch in sein Inneres hinein. Vermutlich verbindet es sich in dem Moment mit den Urkräften der Erde. Die Eltern erleben das einmalige Gefühl, wie es ist, einen Zentner Beton zu wuchten.

Das plattgetretene Kaugummi

Insbesondere auf großen Plätzen, insbesondere auf Straßenkreuzungen und insbesondere, wenn Bekannte dabei sind und alles mit ansehen, wirft das Kind sich rücklings auf den Boden. Beine und Arme streckt es weit von sich, atmet dabei kaum merklich und verschmilzt so regelrecht mit dem Boden, von dem es auch nur ganz schwer wieder zu lösen ist. Diese Stellung wird vorzugsweise eingenommen, wenn die Marschrichtung dem Kind überhaupt nicht gefällt, etwa wenn man vom Abenteuerspielplatz nach Hause zurückgeht.

Der kugelrunde Haufen

Zunächst setzt sich das Kind auf die eigenen Fersen, dann wird der Kopf gesenkt und direkt vor den Knien abgelegt, mit Blick nach unten. Das Kind wird zu einem Stein, einem Haufen, der sich vollkommen von der Umwelt abwendet. Weil das Meditation ist, reagiert es auch nicht auf Ansagen, Fragen oder gute Worte. Prima Stellung, wenn man nicht in die Vorschule will oder um Beleidigtsein zu signalisieren.

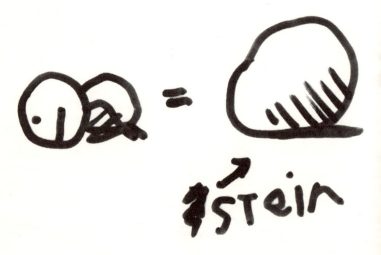

(Die hier vorgestellten Asanas sind die unserer eigenen Kinder – Sonnengrüße der kleinen Nervensägen. Die Idee, der Haltung eines trotzigen Kindes den Namen einer Yoga-Position zu geben, hatte zuerst die Bloggerin Patricia Cammarata von www.dasnuf.de.)

POWERSÄTZE FÜR ELTERN

Bloß nicht sagen, was ihr denkt! Das könnte als verletzend empfunden werden. Oder? Wie wäre es eigentlich, ab und zu entweder gedankenverloren die Wahrheit zu sagen oder dreist seiner Anspannung Luft zu machen? Wer Kinder hat, darf manchmal etwas wahnsinnig sein. Und sich an den verdutzten Reaktionen der anderen erfreuen. Wer das Experiment wagen will, möge es tun. Hier ein paar Vorschläge.

Zur Kindergärtnerin

*»Toll, diese Arbeit mit Kindern. Eine super Lösung,
wenn man sonst nichts gelernt hat.«*

»Leo hat seit drei Tagen Läuse. Hab ich vergessen zu sagen.«

An der Supermarktkasse

»Wir haben gerade den Aufsteller mit den Obstgläschen zu Boden gerissen. Macht nichts, oder?«

»Ich muss noch mal zur Wursttheke, können Sie bitte kurz mein schreiendes Kind halten?«

»Müssen Sie immer diesen Schokoeier-Dreck an der Kasse platzieren?«

Beim Elternabend

»Ich würde gern mitdiskutieren, aber ich bin so verdammt high gerade. Will übrigens jemand was?«

»Wer ist hier noch mal die Klassenlehrerin?«

»Wer seid ihr alle eigentlich?«

»Welche Klassenfahrt?«

In der Boutique

»Die weißen Flecken da auf dem Anzug von Prada sind
auf keinen Fall Babykotze von uns. Das gehört doch eindeutig
zum Design.«

»Mein Kind hat sich mit einem Schokoeis irgendwo dahinten
zwischen den Hochzeitskleidern versteckt.«

»Entschuldigung, meine Tochter ist gerade in Ihre Auslage
gefallen.«

Zur Nachbarin, die unter einem wohnt

»Erfrischend, dieses Geschrei, nicht wahr?
So sind sie, die Kinder.«

»Ich finde das toll, wie tolerant Sie sind. Also, bei dem Lärm, den
wir machen, wäre ich an Ihrer Stelle schon längst ausgezogen.«

»Am Wochenende kommen Übernachtungsgäste
mit vier Kindern und Hund.«

»Na ja, ist halt Altbau, sag ich mal. Da muss man mit
einer gewissen Hellhörigkeit leben.«

»Wir planen eine Hausgeburt mit aufblasbarer Geburtswanne.
Ich hoffe, die Dielen im Wohnzimmer halten das Gewicht des
Wassers aus.«

Zur Bekanntschaft in der Bar

»*Wir können gern zusammen schlafen, aber dann beeil dich bitte ein bisschen. Ich muss mich morgen früh wieder um die Familie kümmern und bin nur noch für Sex ohne viel Schnickschnack zu haben.*«

»*Uah, bin ich müde.*«

»*Ich trinke einen Fencheltee.*«

»*Ich hatte heute noch keine Gelegenheit zu duschen. Riecht man das?*«

»*Puh, jetzt habe ich schon zwei Cocktails getrunken. Normalerweise mach ich so was ja nicht mehr, hihi. Aber heute ist mein erster Tag ohne Kind seit fünf Jahren, da will ich mal nicht so sein.*«

Auf dem Spielplatz

»Ist das Ihr Kind, das da gerade von dem Klettergerüst Kopfsprung machen will?«

»Mit Verlaub, mein Kind ist nicht wild, sondern hochbegabt.«

»Mein Sohn hat gerade eure Zwillinge verprügelt. Na ja, ich finde, da müssen die alleine lernen mit klarzukommen.«

»Ist das öde hier.«

»Ist das etwa Ihrer, der mit dem bescheuerten Haarschnitt?«

»Das sind unsere Förmchen! Bringen Sie doch selber welche mit.«

»Die Kleine gibt Reiswaffeln aus? Bleiben Sie mir weg mit dem Zeug. Da steckt Gift drin, hab ich neulich erst gelesen.«

ELTERNLEBEN II

Die Schwiegermonster

Wenn unsere Eltern Großeltern werden, drehen sie durch. Würden wir vielleicht auch. Unsere Eltern sind Nachkriegskinder, eine in vielem bewundernswerte Altersgruppe, die sich alles erkämpfen musste – vom Wohlstand bis hin zu einem eigenen Denken. Nur manchmal stößt das an Grenzen. Etwa beim Thema Kinderbetreuung. »Warum habt ihr überhaupt Kinder bekommen, wenn die schon mit anderthalb in die Kita sollen?«

Thomas: Vor allem unsere Mütter nehmen ihre Großelternpflichten sehr ernst, manchmal zu ernst. Das merkt man nicht nur an den regelmäßigen Anrufen, in denen sie uns neueste Erkenntnisse über Babypflege oder Ernährungstipps meinen mitteilen zu müssen. Zeitungsausschnitte, in denen es um Mangelernährung, Gefahren auf dem Spielplatz oder neuartige Funktionskleidung fürs Kind geht, trudeln ein. Wenn die Schwiegermutter da ist, wird der Kühlschrank, der normalerweise viel Tofu, Käse und Gemüse enthält, heimlich in ein Wurst- und Puddinglager umgebaut.

Geschenkt habe ich meinen Kindern fast noch nichts Größeres, außer einer roten Minigitarre für meinen Großen, denn immer waren die Omas schneller. Ginge es nach den Omas, hätten wir Knieschützer, Schuhschoner, doppellagige Vliesmützen für die Kinder, und sie wären immer von oben bis unten mit Nivea eingecremt. Das alles ist natürlich lieb gemeint. Aus dem Dauerfeuer hören wir nur dummerweise den Vorwurf heraus: Ihr macht es nicht richtig, und wir wissen's besser.

Wir sind empfindlich geworden. Wenn wir Kinder bekommen, denken wir: Geschafft, das ist die endgültige Emanzipation, das Ende unserer eigenen Kindheit. Ab jetzt werden wir unseren Eltern auf Augenhöhe als autonome Erwachsene begegnen und sie ganz neu kennenlernen, als wären es Freunde. Klingt schön, klappt aber nicht. Denn plötzlich wollen sie uns wieder erzählen, wie alles läuft. Als ich meine Mutter darauf anspreche, fällt ihr Folgendes ein: Im Fernsehen habe sie gerade einen Report über einen achtzigjährigen Mann gesehen, der immer noch von seiner hundertjährigen Mama umsorgt werde. »Ihr bleibt eben immer unsere Kinder!« Thema beendet, respektvoller Kontakt unter Gleichberechtigten gescheitert.

Wäre ich kinderlos, würde ich mit meinen Eltern einmal im Halbjahr ins Nobelrestaurant gehen, dann an der Bar noch einen trinken und am Ende draußen heimlich einen Joint mit ihnen rauchen. So aber muss man an der Beziehung zu den eigenen Eltern arbeiten, arbeiten, arbeiten. Als hätten wir nicht schon genug miteinander und mit unseren Kindern zu tun.

Julia: Wir sitzen in einem Restaurant an der Nordsee, und ich bin einfach nur die Partnerin des Sohnes. Das soll sich gleich ändern, für immer. Als ich ihnen zur Vorspeise eröffne, ich sei schwanger, lassen meine Schwiegereltern vor Freude alle Hemmungen fallen. Das erste Enkelkind ist unterwegs! Sofort gibt es nur noch ein Thema: welches Kinderbettchen empfehlenswert sei und welche Breisorte die beste. Wo wir zu entbinden gedächten, fragen sie, und ob ich schon Gymnastik mache. Ob ich mich ausreichend schone und genug Folsäure zu mir nähme. Und als mein Mann laut überlegt: »Och, vielleicht bleibe ich ja nach der Geburt zu Hause, und meine Frau geht arbeiten«, da ruft Schwiegermama fassungslos: »Bist du verrückt? Du bist doch so ein intelligenter Junge!«

Thomas: Eltern und Schwiegereltern sind psychologische Genies. Sie sagen nichts direkt, sondern vermitteln uns ihre Ängste und Befürchtungen durch die Blume. Wenn sie Leo eine Mütze schenken, heißt das: Ihr zieht euer Kind zu dünn an. Kocht Oma bei einem Besuch an drei aufeinanderfolgenden Tagen Fleisch, so bedeutet das: Der Kleine braucht mal was Ordentliches, nicht nur Grünzeug. Gern werden bei geringsten Anlässen, einem Niesen oder etwas Bauchzwicken beispielsweise, pathologische Vergleiche gezogen: »Bitte geht zum Arzt und lasst das untersuchen. Denk dran, du hast früher auch einen empfindlichen Magen gehabt.« Was mir völlig neu ist.

Julia: Als mein Mann mal einige Tage allein mit Leo auf Großelternbesuch gewesen ist, äußert Schwiegermama hinterher den vielsagenden Satz: »Weißt du, dein Mann ist eine richtig gute ... Mutter.« Ich überlege. Dann antworte ich freundlich: »Du kannst ruhig Vater sagen.«

Thomas: Ich habe ja, seit ich Vater bin, eine halbe Stelle und widme mich nur in jeder zweiten Woche komplett der Arbeit bei der Zeitung. Aber trotzdem, es ist wie verhext: *Immer* wenn ich beruflich wirklich zu tun habe, wenn ich zu einem Interview unterwegs bin oder mit dem Chef Mittag essen will, klingelt das Telefon, und ich höre den Radetzky-Marsch. Und das heißt: Mama ruft an! An meinem Telefon kann man bestimmten Anrufern eigene Klingeltöne geben, normalerweise mache ich das natürlich nicht, nur meiner Mutter habe ich etwas Zackiges zugewiesen. So bin ich gleich vorgewarnt.

Gehorsam gehe ich ans Telefon. Ohne große Umschweife kommt sie zur Sache: »Die Kinder sind wohl wieder im Gulag?« Sie meint die Kindertagesstätte, in die wir unsere Söhne schicken. Und fügt noch hinzu: »Die Frauen von heute halten nichts mehr aus.«

Julia: Meine Mutter war durch die Kindererziehung irgendwann so ausgezehrt, dass sie sich einen Urlaub in Rom gönnen wollte. Leider machte sie den Fehler, es den Omas zu erzählen, und was taten die? Fuhren einfach mit! Rom wollten sie auch schon lange mal sehen.

Thomas: Ich selbst erinnere mich noch daran, wie ich etwa zehn war und Papas Mutter täglich bei uns klingelte. Der Oma war eben langweilig, und sie wohnte in der Nähe. Dann saß sie den ganzen Nachmittag auf unserem Sofa, knabberte Salzstangen und wollte unterhalten werden. Meine Mutter hat das alles im Wesentlichen mitgemacht. Nur manchmal, wenn sie einfach nicht mehr konnte und es wieder klingelte, mussten wir Kinder uns wie im Krieg auf den Teppichboden werfen, mussten still sein und so tun, als wäre niemand zu Hause. Bis die Luft wieder rein war. Auch wenn sie es manchmal vergessen: Es war bei unseren Eltern nicht alles so anders, damals.

KRISENREGIONEN –
ÜBERLEBEN MIT KINDERN ...

... im Restaurant:

Grundsätzlich nur Restaurants betreten, die Kindern unaufgefordert Papier und Malstifte hinstellen. Dann schnell essen, schlingen! Denn die Beschäftigungstherapie hält nicht lange vor.

... im Supermarkt:

Mit Kinderwagen bist du hier leider Persona non grata. Die Durchgänge sind zu klein, ständig stößt man etwas um, und an der Kasse zieht das Kleinkind Süßes aus der Auslage. Die Lösung: Älteren Geschwisterkindern einen Kindereinkaufswagen geben und sie mit der Einkaufsliste losschicken. Irgendwer hilft ihnen garantiert, wenn sie zwischendurch nicht weiterwissen. Währenddessen beim Bäcker hinter dem Kassenbereich einen Kaffee trinken und warten.

... in der Deutschen Bahn:

Das sogenannte Kleinkindabteil ist in etwa so geräumig wie eine chinesische Einzelzelle. Und es gibt pro Zug nur eines! Eltern werden auf ein paar Quadratmetern mit ihrer schreienden Meute zusammengepfercht, wo die Kleinen die Keksreste und Apfelschalen der Vorgänger vom Teppich aufpicken. Besonders würdelos: Selbst diesen Miniaturraum muss man bisweilen hart verteidigen. Ist der Zug voll, setzen sich mitunter sogar Manager mit Laptop und Bahncard 100 hier rein. Da hilft nur: Eines der Babys mitten auf dem Tisch wickeln. Das schlägt selbst Hartgesottene in die Flucht.

... beim Konzertbesuch:

Eigentlich ist es zu laut. Einige Leute schauen schräg: Wer den Nachwuchs mit zum Konzert bringt, fällt definitiv auf. Aber keine Angst! Unterm Strich finden die meisten es doch einfach süß, vor allem Väter mit Tragetuch gelten auf der Festival-Wiese als engagiert und cool. Also: Auch als Mama oder Papa kann man zumindest Open-Air-Konzerten weiterhin beiwohnen. Wichtiger Tip: Dem Kind Schallschutzkopfhörer aufsetzen. Es gibt extra »Kids«-Modelle dafür, die Hersteller sind ja auch nicht blöd.

... auf Kindergeburtstagen:

Bei den ersten Kindergeburtstagen muss man als Gastgeber meistens noch die anderen Eltern bewirten. Vorteil: Die Kleinen verhalten sich in dem Alter meist noch friedlich. Ab dem fünften Geburtstag unbedingt ohne Eltern feiern, dafür Oma, den besten Freund oder eine Babysitterin mit einspannen, um den Überblick über die Partygäste zu behalten. Wenn möglich draußen feiern, damit in der eigenen Wohnung nichts zu Bruch geht. Ab acht Jahren bieten sich speziell organisierte Kindergeburtstage an, z. B. in Kletterhallen oder Kindermuseen.

... an Weihnachten:

Bloß kein Kleiderzwang oder ein verkrampftes Programm mit stundenlangem Menü und kollektivem Kirchgang, wenn man das nicht eh schon das ganze Jahr über praktiziert. Die Kinder riechen elterliche Harmoniesucht und sperrige Rituale. Unruhe ist vorprogrammiert. Lieber so: Keine zu hohen Erwartungen haben. Die Kinder dürfen den Baum schmücken. Vielleicht basteln sie auch einfach einen selbst. Jeder zieht an, was er/sie persönlich schön findet, und vor dem Essen gehen die Kleinen mindestens zwei Stunden an der frischen Luft spielen.

KINDERWEISHEITEN

Kinderworte sind Gold wert. Die Kleinen plappern unverblümt drauflos, und meistens sagen sie damit direkter als wir Erwachsenen, was sie denken und fühlen. Eine Quelle der Freude und Peinlichkeiten! Wie oft ärgert man sich Jahre später, dass man nicht mitgeschrieben hat. Hier ist Platz für die Lebensweisheiten des Nachwuchses:

Leo (4) beschreibt seine Zukunft:
»Erst noch ein bisschen Kita, dann komm ich in die Schule, dann Schule, Schule, Schule, dann bin ich erwachsen.
Dann heiraten und arbeiten, arbeiten, arbeiten. Dann Papa werden, dann nichts, nichts, nichts, dann Opa werden, dann wieder nichts, nichts, nichts, dann tot. Ende, das war's!«

Leo auf die Frage, ob er mit zur Lesung seiner Eltern kommen möchte:
»Spinnst du, bin ich 80 000 Jahre alt, oder was?«

Quinn, den Berg hochgehend:
»*Die Welt ist schief!*«

**Leo hat sich eine ganz besondere Schlafstätte ausgesucht – einen langen, schmalen Karton.
Er legt sich hinein und muss aus Platzmangel die Beine anwinkeln.**
Julia: »*Leo, du liegst da wie Schneewittchen im Sarg.*«
Leo: »*Die konnte aber die Beine ausstrecken.*«

Die Kinder diskutieren über die schwierige Frage, ob Hunde eigentlich auch in Hundekacke treten. Man kommt überein, dass nicht. Und Pferde? Wie ist das bei denen?
Leo: »*Nein, die kacken nur im Stall bei den anderen.*«

Quinn geht mit Thomas spazieren. Plötzlich sagt er:
»*Wenn ich groß bin, heiße ich nicht mehr Quinn. Denn das ist ja ein Kindsname. Wenn ich groß bin, heiße ich Thomas.*«

RAUM FÜR EIGENE NOTIZEN:

ALLEIN WEGE ZURÜCKLEGEN

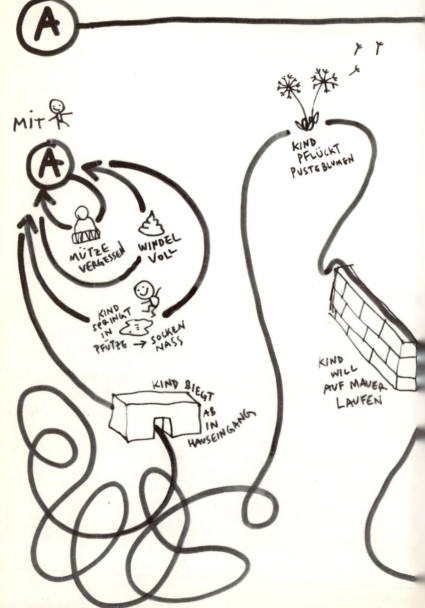

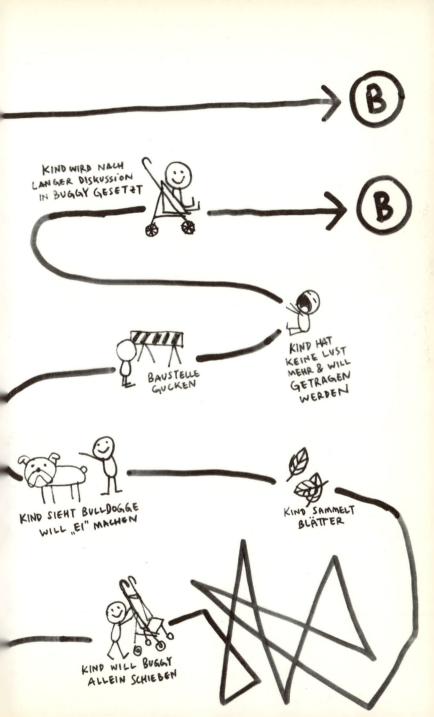

AUSGEHEN – WIE GEHT DAS?

Die Freunde treffen sich weiter zu Rockkonzerten, zum Tanzen, Billard und Bowling, zum Typenaufreißen und Bräuteanglotzen. Nur man selbst hat ein Kind, und keiner versteht einen mehr. Wie schafft man es dennoch, einigermaßen mitzuhalten und sich nicht ins soziale Abseits zu schießen?

1. Der Spruch »So etwas brauche ich nicht mehr« ist uralt und unoriginell, außerdem fast immer gelogen. Gesteh es dir ein: Ab und zu brauchst du es sehr wohl.

2. Trink mit, aber moderat. Nur Bier oder Weinschorle, niemals Schnaps. Später, wenn die anderen alle stramm sind, schiebst du viel Wasser oder Alkoholfreies dazwischen. Das wird keiner mehr merken, und dir geht es besser, außerdem musst du dir keine Hänseleien anhören.

3. Der polnische Abgang: Im Gewühl der Party, Kneipe oder des Gelages beim SPD-Ortsverein abhauen, ohne Tschüss zu sagen. So merkt keiner, wie früh man geht. Sätze wie »Wie, du gehst schon?« bleiben einem erspart, und man muss auch nicht umständlich erklären, dass das Kind am nächsten Morgen in aller Herrgottsfrühe auf der Matte steht.

4. Nie länger als bis 3 Uhr machen.

5. Früh beginnen, früh gehen.

6. Such dir einen Partner/eine Partnerin, die das mitmacht und dir einen schönen Abend gönnt, die Kinder vielleicht am nächsten Morgen übernimmt und sich darüber freut, dass du Spaß hattest. Funktioniert nicht, wenn man das Kind bereits hat und dann erst feststellt, dass der Partner/die Partnerin nicht mitzieht.

IN DER STILLZEIT

Der erste Blick in den Spiegel nach der Geburt ist für Frauen oft etwas schockierend. Das birnenförmige, ausgeleierte Etwas da soll ich sein? Deshalb gilt es, nach Ende des Wochenbetts gezielt etwas für sich und das Selbstwertgefühl zu tun. Der Bauch ist noch da, die Brüste wund, die Augen schwarz gerändert? Egal. Spring über deinen Schatten und geh raus. Du bist die Größte! Du hast gerade ein Kind auf die Welt gebracht! Dir kann man nichts mehr vormachen! Ein Rückbildungskurs ist schon mal ein guter Einstieg in ein verbessertes Körpergefühl. Und dann:

› Was Schönes anziehen. Auch wenn man danach nur kurz mit dem Kinderwagen auf die Straße geht. Und auch wenn die tolle Bluse gleich vom Baby vollgespuckt wird – na und?

› Den Friseur besuchen. Die Matte ist überfällig.

› Ausgehen. Es muss nicht immer das Kindercafé sein. Inzwischen gibt es schon Krabbelkinos oder gar Konzerte für Eltern mit Babys. Geht auch fast immer: eine Ausstellung besuchen.

› Dinge tun, für die man nie Zeit hatte: eine Bootstour durch die Stadt, ein bestimmtes Café oder ein bestimmtes Geschäft besuchen.

- Das schlafende Baby und das Lieblingsbuch mit auf eine Wiese nehmen.
- Einen Sportkurs besuchen, bei dem man das Baby mitnehmen kann.
- Freunde besuchen.
- Solange das Baby noch keine festen Schlafenszeiten hat: Abends mit Kinderwagen draußen zum Essen treffen.
- Laptop mit nach draußen nehmen und endlich damit anfangen, ein eigenes Buch zu schreiben.
- Im Stadtmagazin blättern und irgendeinen Mutter-Kind-Kurs buchen. Auch wenn die Inhalte etwas dümmlich scheinen, im Verbund mit anderen lacht es sich am besten.
- Wenn die Müdigkeit zu groß ist, um rauszugehen: Sofort hinlegen und schlafen. Danach erneut versuchen.

LOSLASSEN LERNEN!

Hilfe für übereifrige Mütter

Kennst Du diese Mütter, die alles hundertprozentig gut machen und alle mit ihrer Fürsorglichkeit und Übervorsicht nerven?

Nun zwei Neuigkeiten.

> Erstens: Nicht darüber lachen, du könntest die Nächste sein.
> Zweitens: Männer betrifft das auch.

Hier das ideale Programm, um entspannt zu bleiben. Fangt früh damit an, bevor es zu spät ist!

1. Mit anderen Müttern oder Vätern treffen, aber kein Wort über Kita, Stillen, Kinder reden. Nur: die Popcharts, das Wetter, das Kinoprogramm, die Revolution, Breakdance, Gartenpflege, solche Sachen eben.

2. Nachts und morgens, wenn ein Kind schreit, tot stellen und im Bett liegen bleiben. Vielleicht geht der Partner als Erster hin.

3. Angebote der Großeltern, die Kinder zwei Wochen zu nehmen, unbedingt annehmen. Argumente, die einen davon abhalten könnten – wie »Das ist doch viel zu lang, so lang waren die ja noch nie weg« –, einfach vergessen. Am ersten Tag ist es noch komisch, dann wird es immer besser. Und man weiß ja: Die Kleinen kommen zurück.

4. Mal wieder was Schönes anziehen. Selbst wenn man dann nur zum Bäcker geht.

5. Einen Tag lang rarmachen. Nichts Nützliches tun, nicht effektiv sein.

6. Bücher über Erziehung in den Kulturen der Welt lesen. Entspannt total. Weil die Menschen überall auf der Welt alles anders machen und die Kinder trotzdem groß werden.

FILME UND BÜCHER FÜR ELTERN

The Sitter (Film von Judd Apatow)
Jonah Hill als Babysitter wider Willen, der auf seine Party inklusive Angebeteter nicht verzichten will, vorher aber noch Drogen besorgen muss. Kurzerhand nimmt er die Kinder mit. Sensationell!

Outnumbered (Serie auf BBC)
Übersetzung: »Zahlenmäßig überlegen«. Pete und Sue leben mit ihren drei Kindern Jake, Ben und Karen im Südwesten Londons. Besser kann man den chaotischen Alltag einer Mittelstandsfamilie nicht darstellen. Hinterher ist man richtiggehend beseelt.

Béatrice Fontanel und Claire d'Harcourt:
Babys in den Kulturen der Welt
Von Bambus-Buggys und Mooswindeln – ein toller Bildband, der zeigt: So viel machen wir wahrscheinlich gar nicht verkehrt. Man bekommt Kinder auch anders groß, als wir es kennen. Relativiert lästige Tragetuchdiskussionen und besorgte Elternforen-Einträge.

Ayelet Waldman: *Böse Mütter. Meine mütterlichen Sünden, großen und kleinen Katastrophen und Momente des Glücks*
Die Vierfach-Mutter Ayelet Waldman schreibt radikal offen gegen den Mütter-Perfektionismus an. Das ist meist brüllend komisch. Und mutig und anrührend, wenn die Autorin über ihre Abtreibung oder Depressionen schreibt.

Jochen König: *Fritzi und ich*
Jochen König ist alleinerziehender Vater von Fritzi. Er schreibt darüber, wie wenig selbstverständlich das selbst in der deutschen Großstadt ist, von seinem täglichen Kampf und den Selbstzweifeln, aber auch von den schönen Momenten mit seiner Tochter. Sehr reflektiert und schön.

DIE BELIEBTESTEN ORTE, AN DIE SICH VÄTER FLÜCHTEN KÖNNEN

Gästeklo
Gitarre auspacken, üben. Wenn jemand nachfragt, einfach behaupten, dass die Akustik da eben einzigartig sei.

Büro
Der Klassiker. Einfach mal abends länger machen oder besonders früh hinfahren. Ob es wahr ist, dass »der Chef mir noch eine Sonderaufgabe hingelegt hat«, findet nie jemand heraus.

Band
Das Recht auf Kunst und Musik hat ja nun jeder. Eine Band zu haben ist cool, Frauen finden es sexy und gestehen ihrem Mann diese »Selbstverwirklichung« gern zu. Wenn sie merken, dass zweimal die Woche Probe ist, spätnachts Konzerte stattfinden und manchmal ein Wochenende im Aufnahmestudio ansteht, gibt es kein Zurück mehr.

Kneipe

Der älteste Rückzugsort für Familienväter ist etwas einfallslos und durch »Moe's Taverne« aus den *Simpsons* auch arg lächerlich geworden. Man sollte also lieber alte Freunde vorschieben: »Ich mag Kneipen auch nicht, und man stinkt auch immer so nach Rauch, aber mein alter Freund Dirk will nun einmal unbedingt da hingehen und Skat spielen. Ich würde so gern mit meinen Freunden in Kontakt bleiben.« Welche Frau kann da nein sagen?

Billardraum

Wenn du ein Haus oder viel Platz in der Wohnung hast, richte dir einen Billardraum ein.

Supermarkt

Losfahren, um Getränkekisten zu holen. Den Aufenthalt dort verlängern. Guck dir einmal ganz in Ruhe die ganze Bandbreite der Produkte an. Leg ggf. ein kurzes Nickerchen am Pfandautomaten ein.

WOHIN MIT MEINER WUT?

Wer Kinder hat, muss, da herrscht Konsens, urplötzlich umsichtig, vernünftig, immer diskussionswillig sein. Auch wenn man am Abend den Kulturteil der Zeitung in die Hand genommen hat und sich darauf freut, nach einem anstrengenden Tag ein paar Minuten ruhig im Sessel zu sitzen, die Kinder aber immer wieder aus ihrem Zimmer herauslaufen, schreien und nicht schlafen wollen. Keiner hat übermenschliche Fähigkeiten, eine eiserne Selbstdisziplin, unendliche Geduld oder eine Ausbildung als Mediator. Selbst Marshall Rosenberg, der Urvater der gewaltfreien Kommunikation, gesteht in einem Interview, er wollte seine Kinder abends nicht mehr sehen, hören oder riechen. Oft schreien wir unsere Kinder an, weil uns schlicht die Kraft für konstruktive Verhandlungen fehlt, und schämen uns hinterher. Um das zu vermeiden und nicht allzu viel Schaden anzurichten, hier ein paar Tipps zum Dampfablassen:

- Kurz vor die Tür gehen, dreimal tief ein- und ausatmen. Dem Kind sagen, was man da tut, und ihm das gleiche Recht einräumen.
- In den Wald fahren und laut schreien.
- Um den Block rennen und wie Rocky gegen einen unsichtbaren Gegner kämpfen.
- Ins Kissen brüllen.
- Alte Teller zerdeppern (damit sich das Kind nicht erschreckt, dazu vielleicht in den Keller gehen).
- Mit einer Schaumstoffrolle oder etwas Ähnlichem ins Bettzeug hauen und gemeinsam mit dem Kind Schimpfwörter rufen.
- Der Klassiker: Einen Boxsack im Wohnzimmer bereithalten und bei Bedarf vermöbeln.
- Zeug durch die Gegend werfen.
- Heiß duschen.
- Eine liebevolle Rauferei mit den Kindern.

DIE BLÖDESTEN SPRÜCHE

... die Eltern sich in puncto Erziehung anhören müssen

Eltern müssen eine Menge altkluger Sprüche einstecken, denn sie stehen unter ständiger sozialer Kontrolle. Jeder meint, es besser zu wissen. Und auch wenn wir es uns nicht eingestehen wollen: Oft lassen wir uns gegen unseren Willen verunsichern. Erspart euch das! Hier ein paar unkaputtbare Sätze, bei denen ihr die Ohren getrost auf Durchzug stellen dürft.

Also, das würde ich mir von meinem Kind nicht bieten lassen.

Früher haben wir halt mehr geregelt, weniger geredet.

Ihr Eltern von heute seid doch alle Weicheier.

Das Gör braucht kein Erdbeereis, sondern eine kräftige Watschen.

Kinder brauchen Grenzen.

Lass das mal schreien, das stärkt die Lungen.

Kinder brauchen Vorbilder.

Da fehlt die Mutter, das merkt man dem Kind doch an.

Die vielen Medien sind schuld.

... die Eltern irgendwann zu ihren Kindern sagen

Alle Eltern sind mal ratlos oder überfordert. Dann greifen sie in die Klamottenkiste alter Erziehungssprüche, weil ihnen einfach nichts Besseres einfällt. Das darf auch sein. Dennoch: Denkt lieber selbst. Überlegt euch, was euch an der Situation wirklich stört, und formuliert das auch so. Hier ein paar Beispiele:

Ihr sagt: *Iss deinen Teller leer, woanders verhungern die Kinder.*
Ihr meint: *Tu dir bitte nicht so viel auf. Nimm lieber noch mal nach, wenn du noch Hunger hast. Sonst schmeißen wir nachher so viel weg.*

Ihr sagt: *Gleich setzt es was.*
Ihr meint: *Ich bin stinksauer! Weil ...*

Ihr sagt: *Dann geh halt in eine andere Familie, wenn es dir bei uns nicht gefällt.*
Das meint: *Ihr kapituliert völlig und zieht euch aus eurer Verantwortung zurück. Schlecht.*

Ihr sagt: *Wenn du so herumschreist, kommt die Polizei.*
Ihr meint: *Mann, bist du laut. Versuch's mal bitte ein paar Oktaven tiefer, ich sitze direkt neben dir.*

Ihr sagt: *Ich zähl bis drei.*
Ihr meint: *Komm jetzt bitte!*

Ihr sagt: *So spricht man nicht mit seinen Eltern!*
Ihr meint: *Wenn du jetzt noch einmal »Arsch« zu mir sagst, gibt es heute keinen Film.*

Ihr sagt: *Das tut man nicht.*
Ihr meint: *Ich finde das doof. Warum machst du das?*

Ihr sagt: *Sei schön artig!*
Ihr meint: *Bitte heute mal keine Schimpfwörter am Tisch. Oma kommt zum Abendbrot.*

PSYCHO-TEST

Nur für Frauen:
Bist du eine gute Mutter?

1. Das Wochenende kommt.
   Was hast du Freitagabend vor?
A Natürlich sitze ich bei meinen Kindern
B Mal sehen, je nachdem ob mein Kerl hier ist.
C Ich hau ab und zieh mir tierisch einen rein, was sonst?

2. Wie sieht die Wohnung eigentlich gerade aus?
A Die Putzfrau war da, ich hab aber trotzdem alles entstaubt. Picobello!
B Puh, unter der Schicht von Lego und Puppen ist eine hübsche Wohnung versteckt.
C Äh, was weiß ich denn, muss erst mal aus dem Bett aussteigen und mich umsehen.

3. Du bist wieder schwanger! Wie reagierst du?

A Ich fange an, das kleine Zimmer rosa oder blau zu streichen, und kaufe schon mal ein Himmelbettchen.

B Schon wieder? Wie konnte das passieren? Ich mache erst mal weiter wie bisher. Wird schon gutgehen am Ende.

C Verdammt. Ich hau meinem Kerl eine runter und schließe mich dann für den Rest des Tages wütend ein. Danach rechne ich die Finanzen der Familie mal durch.

4. Auf dem Spielplatz klaut ein aggressives Kind immer wieder Schäufelchen von anderen. Was tun?

A Ich schnappe mir die Beteiligten und erkläre ihnen langsam den Sinn von Teilen und friedlichem Spiel. Zur Not mach ich das fünf Mal.

B Ich starre intensiv auf mein Handy und tue so, als würde ich nichts bemerken.

C Wenn gerade keine anderen Eltern schauen, gehe ich zu dem Rowdy hin, knalle ihm eine und stelle mehr in Aussicht, falls er weitermacht. Ist der Rowdy mein eigenes Kind, gehe ich genauso vor.

5. Die anderen Frauen beim PEKiP sind schön geschminkt und sehen frisch aus, ich komme mir seltsam vor.

A Direkt nach dem Kurs rase ich zum Kosmetikladen, lasse mich beraten und schminken und kaufe für mehrere hundert Euro Make-up ein.

B Da ich jetzt eh schon anders bin als die anderen, lasse ich mich ganz gehen, ich gähne, pupse laut und schlafe, während alle Ei-dei-dei mit den Kids machen.

C Was ist das, Babyturnen?

Nun bitte kurz summieren:
Jede (**A**)-Antwort bringt: Einen Punkt.
Jede (**B**)-Antwort bringt: Zwei Punkte.
Jede (**C**)-Antwort bringt: Drei Punkte.

Auflösung:
1–4 Punkte: Ja, du bist eine gute Mutter!
5–9 Punkte: Ja, du bist eine gute Mutter!
10 Punkte oder mehr: Ja, du bist eine gute Mutter!

SCHLUSS MIT DEM GEJAMMER!

Wer sich nach der Geburt des ersten Kindes manchmal verzweifelt fragt, ob das jetzt alles immer so weitergeht, darf aufatmen. Keine Angst! Das erste Glas Wein nach der Stillzeit, endlich mal wieder ein langes, gutes Gespräch mit dem Freund, eine wilde Party oder ein Wochenende allein ... Es gibt ein Leben jenseits der Knechtschaft, man muss es nur erst mal wiederfinden. Das Leben ist ein Spiel, und die Regeln müssen sich alle Eltern selber machen. Vor allem gilt: Gute Laune bewahren! Kinder sind das Größte, und wer das erkennt, hat viel zu lachen.

Also, liebe Väter und Mütter: Seid lieb zu euch und zueinander! Irgendwie wird's schon klappen.